河出文庫

おばんざい　秋と冬

京の台所歳時記

秋山十三子
大村しげ
平山千鶴

もくじ

おばんざい　秋と冬　京の台所歳時記

九月

◉お朔日《ついたち》──毎月、お朔日には〝にしんこぶ〟を炊く。渋味のある身欠きにしんと刻みこぶで、この月も、渋う、こぶう暮らしまひょ。

◉十五日──いもぼう。えびいもとぼうだらをめおと炊きにする。けれど、家庭では、ふつうのこいも。お朔日とおんなじように、あずきご飯におなますをつけて。

◉お月見──だんごとこいもを供える。

にしんこぶ

お朔日《ついたち》は、月のはじめの日。新しい月を迎えて、台所の荒神松《こうじんまつ》も、神だなのさかきも、食物まで折り目正しく改まる。

まず、家内中がまめで暮らすようにと〝あずのご飯〟を炊く。

あずのご飯、またはあかご飯は、もち米を蒸した赤飯ではなくて、普通のうるち米にあずきを入れて炊いたもの。あずきの煮汁だけの色で紅《あこ》う染めたりはしない。

亀岡の旧馬路《うまじ》村《むら》からとれるあずきが、有名な丹波《たんば》大納言《だいなごん》で、粒が大きく皮が薄く、なにより匂いがよい。この月こそなにかめでたいことがありそうな赤い色。

それに必ず、おなますを添える。おだいを三センチぐらいに切り、それをさらに細切りにして塩でもむ。二杯酢であえるが、このなかへ金時にんじんも細う切って入れると、まるで紅い糸くずが、にじんでいるように美しい。これを二つにわけて小皿につんもりと盛り、きれいにかいたおかつおをかける。お汁はたいてい白みそで、浮かしには四角に切ったおとうふか、摘まみ菜などが入っていた。中みそを使う家もあるように聞く。

おかずは、にしんこぶ。むかしのにしんは、もっと身が多く、固く、そしてしぶかったらしい。きわの日（月末）には忘れんように、水をつけて用意しておく。それをたわしでゴシゴシと洗い、一寸ほどに切ってゆがく。

きざみこぶも、いかきに入れてよく水洗いする。

鍋に砂糖と、酒塩《さかしお》と、おしょうゆで味つけした煮汁を、たっぷりとこしらえ、にしんもきざみこぶもいっしょに入れて、とろ火で炊く。四十分ほども。おこぶと、にしんの両方の持ち味がしみ出してきて、ようなじむようにコト、コトと。

　きざみこぶは長いこと炊くと、ぬるぬるしたぬめりがとれ、かえってシャキッとなっておいしい。

〝しぶう、こぶ、こぶといくように〟と、朔日に炊く、にしんこぶ。しぶうは万事しまつして。こぶうはガメツイの陰性みたいな感じの意味。

　手間と時間はなんぼかけても、ふだんの暮らしにはお金かけへん。これが京都人の生活の哲学やろか。

（あきやま）

きごしょう

きごしょうとは、とうがらしの葉のことをいいます。ねっからの京都のひとは、きのしょといいます。どんな字を書いて当てるのでしょうか。

とうがらしの実は、夏中よくたべるお野菜です。青ととか、甘ととかいい、不思議に辛さがないのです。直火《じかび》に金網をかけて焼くと、とうがらし特有の青い香りがします。フライパンに油をひいて、このなかで焼いてもおいしいのです。両方とも生《き》じょうゆをつけていただきます。手間がかからないのに、いつ食べてもあきないし、第一ヴィタミンがたいへん多く、酷暑の夏にむいた食品だと、聞いたことがありました。とうがらしのことですから、本性たがわずで、ときどき飛び上がるほど辛いのに当たることがあります。みんな甘いと安心して食べていると、そんなのを噛んでしまって、しばらくは目を白黒。

夏中お役に立ったあと、秋になってとうがらしの木をぬいてしまうとき、葉を食べるのです。根に土がついたまま束ねて、上賀茂《かみがも》あたりから売りにきます。とことんつくし切るこの木のいじらしさが、おんなのわたしには、なんとなくあわれに思えてならないのです。

きごしょうを、おしょうゆだけでまっ黒になるほど、煮こんでおくと、一年でももちます。けれど葉のみどりが残るほどに、あっさり炊いておくと、それは秋口のおぞよもん。葉を一枚ずつ木から離し、残っている小さな実もいっしょにとって、ゆでて、かたくしぼり、薄味に煮るのです。これはだしじゃこがよく合います。だしじゃこの頭をとって、身を二つに割って——。

日中は真夏とかわりなく照りつけて暑いのに、ものの影の色は日に日に深まって涼しさをましてきます。吹き抜けてゆく風にも、なんとなく冷たさが感じられるようになります。お台所できごしょうの葉をつんでいると、秋の気配がし、そして葉を摘む指先が、アクの色に染まって、爪まで黒くなっているのです。

子どものころ母はきごしょうを、じゃこと炊いてくれました。足の早いおぞよで、〝残さんとお上がりや〟といいました。味のあるようなないような、これがきごしょうと覚えた味。若いころはどうしても出なかった味が、このごろ炊けるようになりました。古女房になりましたのやな。

（ひらやま）

かます

今ごろの海は、どんな色をしているのかしら。学校が始まって、浜辺はひっそりと静まり、ボートもビーチパラソルもなく、波がひとりつぶやいている。

そんな九月の海が見たい。

さるすべりの花が燃えるように紅かった村の郵便局も、うそのようにひまになり、その窓から見える入江は、秋風に白波を立てていることだろう。採りたてのさざえやいかを毎朝売りにきていたおばさんは、今なにをしてはるのやら。

さかな屋さんの店先にあるかます。ふしぎな背の色である。さんまのように青くないし、鯛のように紅くもない。曇った日の、松林のかげで、ひとり見た海のような沈んだ灰色。

からだのわりに大きな顔で、くちがとんがっていて、ギザギザした歯がちょっと見える。

八月ごろから塩干しにした、ちいさなかますが出回っていたが、切り身にして、お焼きもんにするようなのは九月から。

昔はずいぶん大きいのがとれて、さかな屋なかまではしゃくはちというたそうな。長さが一尺八寸もあるという意味だけでなく、生のときのかっこうが、細長く、胴が竹つつのように丸いので、楽器の尺八にそっくりやという。

海からあがって、ピチピチしたのを背開きにし、浜塩《はまじお》にして送ってきたのがおいしい。紀州や山陰のみなとから、京都へつくまでにほどよう塩がまわる。

これを切り身にし、串を打ち、身のほうから焼く。八分どおり火が通ったら、皮のほうを。こがさぬようにとろ火で。油がじわじわとでてきて、香ばしい匂いが食欲をそそる。アツアツに、すだちか、レモンの輪切りを添えて出す。

——味の秋。

あっさりと品のよいのが京都ではことに喜ばれて、産病人のお見舞いにもされた。

鮮度のよいのはまた椀種《わんだね》にもする。背のほうの身を、細く切り、結んでゆがく。若水菜、三ツ葉、ほうれん草などのあおみを添え、ゆずの皮をひとひら浮かしておすましに。

海に遠い京都。しおざいの音をしのびながら、かますの切り身を焼いてみる。

（あきやま）

枝豆

枝豆、あぜ豆、秋の豆。

枝豆は毛だらけのさやのまま塩ゆでにします。茶色にかわった塩からい皮をかむと、まっ青な、つるっとした実が口に残ります。皮にだけついた塩気で、ほどよいお味がでるのです。むっちりしていて、いかにも栄養のありそうな感じです。大きないかきに上げておいて、子どもたちのおやつにします。一つのいかきに、てんでに手を出して、冷たい麦茶をのんで、親たちもちょっとお相《しょう》伴《ばん》のつもりが、食べ出すときりがないのです。たれにともなく、

「ええかげんにしとおきや、おなかがとおりますえ」

というころには、あらかた食べつくして皮ばかりが山になっています。枝豆はあとひき豆です。

枝豆はお酒にもビールにも合うので、お盆のころ、まださやがぺしゃんこでお豆が薄い柔らかいうちから、つき出しに使います。けれど、やっぱりむっちりと実が肥えてからがおいしいのです。さやから出して生の豆を、塩味だけでご飯に炊きこんでもよろし。急に盛んになり始めた食欲を、いっそう、そそります。

枝豆はあぜ豆ともいいます。田んぼのあぜで作るからです。わたしは三十を越して初めて枝豆と大豆は同じものだと知りました。あの乾いた白黄色のお豆の生が枝豆だと知ったとき、〝へーっ〟と、しばらく言葉が出ませんでした。〝ええ年をして、なんにも知らなんだのやな〟とおどろき、それから得意になって、友だちをためす種にしました。ところがおどろいたことに、町のなかに育ったものは、大てい知らないのです。ちょっとまえに覚えたばかりなのに、わたしは、鼻の先がむずむずするような優越感を味わいました。思えば京はみやこ、田んぼは遠い所でした。

枝豆の実がお膳にのぼるころは、台風のありがたくない報《し》らせ。そしてわたしたちは夜さむにむいて、着肌の心配がふえてきます。あれこれと日常の気遣いはつきず、そんなことにまぎれて一日が早々とたってゆきます。子どもたちはおとなになりました。

枝豆をかんで仕合わせがっていては世話はないけれど、今、孫といっしょに食べていると、幸福とはこんなものかいなと、ふと、つつましい気持ちになるのです。

（ひらやま）

いもぼう

月のなかば十五日もやっぱりお朔日とおんなじように、改まる日である。そやから、お昼にはあかご飯（あずきご飯）を炊いて、こいもと棒だらとをめおと炊きにしたいもぼうと、おなますをつける。

きまった日には、きまったもんを、ちゃんと食べんと気がすまん性分を、古くさいとか固苦しいなどとよういわれる。けれど、そんなひなず（文句）を耳にしても、京のおんなは〝いいえ、その日はおまわりの心配せえで、よろしおす〟とすましている。ほんまに、きまりもんのある日は楽である。

家で炊くいもぼうのこいもは、料理屋さんのように、えびいもではのうて、ふつうの里芋である。土つきをごろごろと洗《あろ》うて、そうじをしたら、ゆがいておく。

棒だらも、かんかんに干してあるのを、やわらこうもどして切り身にし、大きいめのおなべで、水をたっぷりにしてゆがく。

棒だらが煮え上がったら、そのお湯を半分ほかし（捨てて）、半分は残して、そこへこいもを入れ、お砂糖、みりん、酒塩、薄口、濃口のおしたじで味をつけて、そのまま落とし蓋をし、地がのうなるまでくっつりと煮こむ。棒だらのお湯を半分残すのは、味にコクをつけるためにである。そして、めおと炊きにするのが、おいしい。

棒だらは、子のたらの子のほうが上物《じょうもの》になる出世魚で、こいもは子孫繁栄という。どっちも家が栄えるように願《ねご》うた取り合わせやと、お年寄りはいうてはった。

一日、十五日は、以前、まだ週休制でなかったころの、定休日で、活動写真がぎょうさんある新京極《しんきょうごく》かいわいが、にぎおうた。大工さんやら左官屋さんなど、職人さんも、お店《たな》の丁稚《でっち》さんも、みんな京極へ、京極へと寄ってきやはったみたいである。

また、十五日にはもうひとつ、八瀬《やせ》の手前の三宅八幡《みやけはちまん》さんへおまいりをするという、たのしみがあった。子どもがカンの虫を起こさんようにまいるもので、三宅八幡さんは、虫封じの神さんである。おみやげには、鳩の形をした生八つ橋があって、ケシの実がふってあった。

あずのご飯といもぼうでおひるをすまし、午後からは、三宅八幡さんへ連れてもろうた十五日。祇園《ぎおん》さんには夜店が出て、みたらしだんごを買《こ》うてもらう日でもあった。

（おおむら）

お月見だんご

京都の満月は、東山からゆらりとのぼるのです。大きなお月さんです。お月見の晩は縁側に萩《はぎ》やすすきを生け、お三宝の上に二つのかわらけ。一方にはお団子を、一方にはこいもの煮たのを盛ります。お月さんのお供えです。この月の満月を、いも名月といいます。

このごろでは満月が近づくと、おまん屋はんには、細長いお団子のまんなかにこしあんをのせた月見団子が並びます。これは近ごろ始まった趣向のようです。戦前はみんな家で米の粉をねって作りました。

お月見の団子は白くて丸いのです。米の粉を水でねって蒸し、これをもう一度力いっぱいこねます。こうすると柔らかさと艶が出てきます。これをまんまるに丸め、普通の年は十二、閏年《うるうどし》は十三、こいもの煮つけも同じ数だけ盛るのです。

子どもたちは昼間に鴨川原の出町あたりまですすきをとりに行きました。町中の花屋さんでも萩やすすきを売っておりました。

お店の旦那さんたちは誘い合わせてお月見に出掛けて行きました。わたしの父たちが若いころのこと。びわ湖、淀川、宇治川に船を出してご馳走を食べ、お酒をのまはったらしい。巨椋池《おぐらいけ》はそのころは大きな湿地帯でした。ここへも船を出して、月見の茶かぶきをしたと、そんな悠長な話をきいたことがありました。茶かぶきとは、よいお煎茶や玉露《ぎょくろ》をのみ分けて、銘をあてる遊びです。おんな子どもは家でお団子にきな粉をつけて食べました。

満月が雲一つない中天にかかるころ、おんなたちは月の光をたよりに、紅絹《もみ》のきれでぬか袋をぬいました。針に糸を通し、小さな袋をこまかな縫い目でぬうのです。こうして縫い物が上手になるよう、お月さんにお願いしたのです。

今こんなことする人はありません。けれども紅の色はおんなの色、裁ち縫いは今もおんなの仕事、そして美しくなりたい願いはいつの世もかわりなく……。ぬか袋はおんなの肌をみがく大事な道具だったのです。

夜がふけるにしたがって京都の町は光だけの世界になります。東山も叡山《えいざん》も黒く、そして屋根はまるで濡れたように光るのです。

（ひらやま）

ひろうす

お彼岸さんにお寺へまいり、おつとめのあとにお斎《とき》がでると、赤い塗りのお膳には、きまってひろうすのおひらがついていた。

ひろうすは、よそではがんもどきというてはる。おとうふの水気を切ったのに、山の芋のおろしたのをまぜて、百合根《ゆりね》やらぎんなんなどのかやくを包みこんで、揚げたものである。ふつうは丸い。飛龍頭《ひりようず》というのが、正確ないい方やと。小さいきんかんひろうすは、甘かろう炊いていただく。

飛龍頭は、もともと龍の頭に模してあるのやそうで、本式には三角につくる。そして、なかに入れるかやくも、ぎんなんが二個、これは龍の目で、百合根はうろこ、ささがきごんぼはひげに見立ててあって、この三種だけがきまりやと、大本山お出入りの古いおとふ屋さんから聞いた。町で売っているのには、にんじんやら麻《お》の実もはいっていて、黒ごまが上にふってある。

大きいひろうすを、熱湯にとおして油ぬきをし、こぶだしで、うす味にゆっくり煮ふくめる。それをおひら椀にぽんと一つつけて、くず引きのおつゆを張り、土しょうがのおろしたのを、ちょっとそえる。

おひらは、冷めないうちに、遠慮のういただくのが、およばれの心得事で、下味がうっすらとついているひろうすは、なかまであたたかい。この一椀で、おなかもとっちりふくれるのとちがうやろうか。

盆得正損報恩つくつく——在家では、こんなことをいう。お寺さんの収入をひやかしていうたもんで、お盆の棚経《たなぎょう》は丸もうけ。お正月は、お札さんやらをお年始に配らはるので、損。そして、報恩講さんはつくつくいっぱいで、損得はないのやという。

お彼岸さんには、こんなたとえはないけれど、おまいりをするほうが、赤い塗りのお椀でご飯をいただくと、中風にならんまじないやと、いうている。けれど、近ごろのお椀はベークライトやら、プラスチックのもあるので、ご利益《りやく》はないのとちがうかしらん。ほんまは、うるしの塗りが、からだによいそうやから。

ひろうすのおひらは、もっさりとしたお料理である。

（おおむら）

なっと

京都はお寺が多い。その名も寺町通りなどは、お寺の隣がまたお寺。お寺。寺々とつづく。土塀の上から四季折おりの花が、わずかに見えるのも、しおらしい。

お寺は宗旨によって建物からお経までかわるらしいが、禅宗のお寺では大豆と、麦から納豆をつくらはる。納豆といっても例の甘なっとうではなく、糸引き納豆とも全然ちがう。まっ黒けでコロコロしたからい大人むきの味。——禅味とでもいえばよいのかしらん。

もともと製法は中国から伝えられたものと聞く。一休和尚が、災害のときの保存食として考案され、今まで受けつがれてきたという大徳寺納豆はことに有名である。

秋の日が静かに庭石を照らす午後。お寺の縁側に座って、お薄《うす》をいただく。夏を越して、まったりとこくのでてきた宇治のお茶。井戸から汲み上げた質のよいゆたかな水。二つの手のひらのなかで、ほどよい重さを楽しむ清水焼《きよみずや》きのお茶碗。

そして手間をかけ、愛情をそそぎ、太陽と風と、時間の恵みによって、熟成したなっとの素朴なからさ。

京都でしか味わえない静かなよろこびに、こころが満たされる。

納豆をつくるのは夏の暑い日。良質の大豆を大なべに入れ、朝から晩まで炊きつづける。口へ入れたらとろけるほどの柔らかさになるまで、割木で煮るのだそうで、その火加減がむつかしいらしい。

麦は大麦。炒《い》って粉にひく――つまりはったい粉《こ》で、炊いた豆と、はったいの粉をまぜあわせて、麴室《こうじむろ》に入れておくと、夏の暑さで自然に発酵する。それに塩水をまぜ、はんぼうに入れて、かいでたえずかきまわす。

それをさらに四、五日ねかせておき、こんどは夏の強い日光にあてて干し、一つひとつ指先で形をととのえる。仕込んでできあがるまでに二カ月。ちょうど夏の土用に仕込んだのが十月ごろに食べられる。

お茶うけ、ビールのおつまみ、甘いものの口なおしに。お茶づけにも。

それからおみそ汁のなかに、二つぶ、三つぶ入れるとおいしい。小さな小鳥のすりえ用のすり鉢でするか、スプーンの裏でおしつぶして、赤だしに入れる。

おとふと、ねぎのうかしが一番である。


（あきやま）

さいら

さんまの詩が、ラジオから盛んに流れていたころ、聞きなれん名ァに〝さんまてどんなおさかなどすやろ〟と、ねっから見当がつかなんだ。そうしたら、

「あほくさ、さいらのことどすかいな」

と、いうわけで、いっぺんにわかった。空は日に日に高《たこ》う、涼風が立ちはじめると、さいらは秋のお使いみたいに、顔を見せる。海にほど遠い京都では、さいらも塩もので、丸のままひと塩あててあるのんやら、開いて中干《ちゅうび》にしたのやらが、お魚屋さんの店先にならぶ。

いわし、うるめ、あじ、さばなど、背の青いおさかなは、どれもおぞよもん

というて、下司魚《げす》である。いま流にいうと大衆魚で、さいらもそのうちにはいった。

あぶらがジュンジュンと落ちて、煙に目をこすりながら焼いた熱つ熱つのさいらに、二つ割りの柚子をぎゅっと絞って、しつこさを殺してしまう。その口あたりのよさに、

「上《うえ》つ方《がた》はお気の毒に、こんな味お知りやしまへんのやろうなァ」

といいもって、下々《しもじも》に生まれ合わした食い分を、けっこうやと思う。

柚子のほかには、大根おろしをぎょうさん、ぎょうさんおろして、あっさりと食べる。さいらの出回るころは、もう、戸障子も、夏の葭戸《よしど》やすだれから、元どおりふすまに建て替えてあって、いままであけ放していた家のなかは、おいおいしまりがついてくる。するとさいらの煙は家中にこもって、顔をしかめたお年寄りが、

「早う、仏さんおしめやす」

お仏壇に、なまぐさのにおいがうつることを、きらわはった。

煙を追うて、見上げる天窓からは、ぬけるように青い空が、のぞいている。この空の色は、まぎれものう秋で、その色に追いたてられるように、薄物のかたづけやら、合いのもんの手まわしやらで、気ぜわしない。

ついきのうまで、暑い暑いというていたのが、またじっきに寒いといわんならん。ええ時候は、どうしてこう短いのんやろう。さいらを焼いてよろこぶのも、ほんのしばらくである。さんまではのうて、さいらの焼いたんを――。

（おおむら）

十月

◉二十日——えびす講。ねぎとはんぺいを炊いて、これは、ねぎを笹に、はんぺいを小判に見立てた〝笹に小判〟というおめでたいおかず。

◉そのほか——丹波のくりと、まったけと。まったけは、年々に高価になって、手が届きにくいけれど、その分、くりを焼いたり、ご飯に入れたりして、秋の味をたのしむ。くりの甘煮はお正月まで残しておく。

くりごはん

夜長には、栗を焼くのがたのしい。神さんは、海の恵みに乏《とぼ》しい京へ、山の幸をいろいろ授けてくださった。なかでも丹波の栗は、粒が粗《あろ》うて、焼いているうちに、もうそのにおいで、秋を満喫してしまう。そして、一粒ずつ皮をむいて食べていたら、とめどがない。ほかっと甘いその栗の種類は、ぎんよせという名やそうな。皮が黒うつやつやとしている。

栗は、無茶に大きすぎてもあじない。中ぐらいの一粒栗がいちばんおいしいのやと、教えてもろうた。イガのなかに、一粒だけはいっているまるい栗である。ついでにいうと、二粒栗は向かい合《お》うてはいっているし、三粒栗は、まんなかの栗の両面が平らになっている。

くりご飯には、二通りの炊き方があって、一つは栗を生のまま、一つは焼いた栗でつくる。どっちも皮をむいて、栗を四つぐらいに割り、お米のときから入れて、塩加減で炊きあげる。焼き栗のほうは、ご飯に少うし色がつくけれど、その方が甘《あも》うてこうばしい。

栗ばっかしよって食べては、胸がやけて、それでも子どもが大好きな、くりご飯。おかずもお浸しがあったら、ほかにはそないにほしいはない。

春は豆めし。秋は栗めし。

栗のふくめ煮は、皮をむいた栗を、ひたひたの水で火にかけ、蓋の代わりに、生《き》抄《ず》きの紙で表面をおおう。こうすると、紙がアクを吸い取って、ねずみ色になるので、汚れたらなんべんも取りかえる。また、紙を張ると、栗がおなべのなかで踊らないので煮くずれを防ぐためでもある。

お砂糖は、三べんぐらいに分けて入れて、最後のときにお塩も一つまみ足す。そして、弱火で気《き》長《なご》う炊きあげる。火を止めたら、冷めるまではそのままにして。熱いうちにさわると、つぶれるからである。

広口の瓶に入れて、しもうておいたのを、お正月にだすと、お煮しめが一品ふえるし、それは、わが家の味自慢でもある。

秋の夜は、本をひもといたり、針を持ったりして、夜なべをしていると、表でも屋台を引いて、声高に〝やーき、丹波ぐり——〟


（おおむら）

きずし

おかずをつくるのに時間を考える。長いこと炊いたほうがよいもの。サッと煮て、できたてのアツアツがおいしいもの。一晩おいてじんわり味をなじますもの。

材料のもつうま味を最高に引き出して、一番おいしいときに、ちょうど口へ入るようにつくるのが、料理するおんなの心意気。――それが舌にわからぬような相手では、苦労するかいもない。

さばのきずしは食べる二、三時間前に。

糸めこぶという細く切ったおこぶを、白砂糖と化学調味料で味つけした酢に漬けておく。ふくれて柔らこうなって、ねばりがでてきたところで、細くつくったさばの切り身の上からお酢といっしょにかける。

さばは、浜塩《はまじお》の新鮮なのを三枚におろし、はら骨をすいて取り、まんなかの骨を毛ぬきでぬく。皮をひき、四ミリほどの厚さに美しく切る。

あんまり早《はよ》うから皮を取り去ると、背の青い色の鮮やかさがぼけてしまう。切り身の背に、さらに一つ、二つ、包丁目を入れると、酢にもよくなじむし、形もきれい。

細いおこぶがふんわりとやわらぎ、さばの切り身にも、ほどよく香りがうつり、酢の味がききすぎもしないし、たりなくもない。……そんなときが食べごろである。時間がたちすぎると身が真っ白になってカスカス。支度がおくれたときは、あえものにしたほうがよい。

きゅうりの薄切り、うどをたんざくに切って水にさらしたものなどと、細づくりにしたさばを二杯酢であえる。例の糸めこぶも少々入れるとなお味がよい。さばのかわりに一塩のぐじやあじですると、あっさりいただける。

またきずしの身を取り去ったあとのアラでせんばをつくる。おだいのスープ煮のようなもの。もともと大阪の船場《せんば》で好まれたものらしいが、さばの中骨やアラを熱湯でさっと生ぐさみをぬき、おだいの切ったのと清汁仕立《すましじるじた》てにする。

秋さば。美しい魚。

さざ波のゆれたのが、そのまま魚紋になったような背の青さ。その上に黒い点々が散っているのがごまさば。しかしまさばのほうがなににしてもおいしい。秋風が吹くとあぶらがのり、京都人の好きなおさかなである。

（あきやま）

まったけごはん

どういうわけでまったけはこんなに出なくなりましたのやろ。

大きな開きのまったけを、思い切って厚く切って、いかきに盛り上げ、それを手でつかんですき焼きなべにほりこんだ覚えは、そんなに遠いものではありませんのに、年々まったけは少なくなり、高値になり、わたしたちの口に入らなくなりました。シーズンにいっぺんぐらい小さなまったけを、また小さく切ってご飯に炊いて、〝まったけご飯、まったけご飯〟と大さわぎするのがせきの山。現実は情けない。むかしの夢を見ることにしまひょ。

まったけ山は、まったけご飯に、かしわのすき焼きときまったものでした。

柚子の香りのする酢であえた焼きまったけも、農家の人の手作りの、食べたい放題。秋の空が不思議なくらい澄んで高いのです。山の中腹の小平らなところにござを敷いて、まったけ狩りのおひるご飯です。まったけ狩りのかしわは、農家の庭を走りまわっていた鶏なのでしょうか。かたくてかたくて、噛みしめるほどに味が出たのをおぼえています。戦前には京都の北山から丹波へかけて、まったけ狩りが盛んでした。町育ちのなれない足で、わら草履《ぞうり》にはきかえて木の根をかきわけて歩きます。山の斜面を下から上へ見すかすと、松のかれ葉の下にまったけが生えているのです。手さげの籠《かご》がやがていっぱいになります。山の持ち主は、こせこせしたことはいわず、食べ放題のあと、お土産の小籠をいくつでも作ってくれました。こんなおおらかな、気がのびのびするような思い出は、なつかしいなつかしいだけ。

それでもまったけご飯の炊き方ぐらい忘れんようにしたいもので——。まずまったけをザッと洗います。あまりていねいに洗うと、折角の香りまで流してしまいます。石づきの土のついたところだけ包丁で切り取り、かさも軸も同じぐらいの大きさにきざみます。お米はきれいに洗って、おしょうゆ、お酒、塩で味をし、水をさします。水加減はいつものご飯より少々ひかえめにします。まったけから水が出るからです。初めからきざんだまったけを入れて、いっしょに炊き上げます。おしょうゆはほんの色つけ程度にしておく方が、上品に仕上がります。

（ひらやま）

焼きまったけ

おかずごしらえというものは、そう毎日ごちそうばっかり作っているわけやない。一週間のうちに、五日間はしまつをし、二日だけがちょっとごちそうという具合で、その繰り返しである。それがまた、月になると、ひと月に一、二回は、うんとはりこむ。そのはりこむのが、当節は、まったけになった。

京都では、まったけもまた、丹波のものがよい。軸が太うて、香りもよろしい。これを風に当てんようにして、とりたては、粉がふいていて、白い。まったけは風にあてるといたむし、黒ずんでくる。

石づきをおとすときに、包丁がギュッ、ギユッときしむのは、虫くいではないしるしで、料理をする者が、心のうちで満足するときである。まったけは、なんというても、焼きまったけがおいしい。手早《てばよ》う洗《あろ》うて、強火で焼く。

山ででも、まったけのあるところは、なんとのう匂うけれど、焼いているうちに、山のにおいはそのまま台所にこもって、秋やなァ、と、うれしィなってくる。まったけは、包丁は使わずに、焼きたての熱いのを、ふうふうふきもって手で引きさく。

青みには、若水菜をゆがいて、つけ合わす。青々と、松のみどりの色である。二杯酢か三杯酢に、柚子かすだちを絞りこんで、まったけと水菜をあえる。すだちのほうが、味はむっくりとして、焼きまったけは、秋一番の味である。

また、焼きまったけに、すだちをギュッと絞り、おしたじを一滴ポトッと落としていただくと、味と香りは一段とよい。

まったけの時季には、細いはもがまたあって、はもとまったけのお吸物は、さっぱりとしている。これにもすだちをちょっと絞ると、おすましは、よけいさわやかな味になる。そして土びんむしも。

町なかから、雲がゆっくり稲荷山《いなりやま》の方（東南）へ流れるときは、出雲《でぐも》という
てお天気になる。そして、比叡山《ひえいざん》（東北）へ向かうと、叡山込《ご》みは雨になるし、
愛宕山《あたごやま》（西北）へ走る雲は、雨風である。変わりやすい秋の空で、まったけは、
お天気つづきのときがよい。そして、一番の出盛りは、粟田祭《あわたまつり》のあとさきやと
いわれている。

三条通りの粟田口にある、粟田神社のお祭りは、十月十五日である。

（おおむら）

ねぎとはんぺい

十月二十日は、えべっさんの日。ねぎとはんぺいのお汁《つゆ》を食べる。京都ではお汁というときは、お吸物というよりお煮ものに近い感じで、具がたくさん入っている。おかずである。

ふだんの日は、はんぺいをつかっても四つぐらいに切るのに、この日だけは丸のまま。一人にひとつ。

だしじゃこか、おかつおでおいしいだしをとり、吸物よりやや濃いめに味つけして、ななめに切ったねぎを入れ、食べる間際にはんぺいを入れる。鍋に煮えているときはプーッと景気よく大きいのに、お椀によそったら、しなべてぺっちゃんこ。それと、ねぎの白根をかんだら、熱いお汁が飛び出して、口のなかをやけどしたことが、子どものときの二十日えびすの印象に残っている。

恵比寿神社にたずねてみたら、はんぺいは小判、ねぎは笹の葉に見たてた、えんぎのよい食べもののとのこと。昔は、はんぺいも、もっとぶ厚く、小判型であったそうな。

昔、……といっても明治維新のとき、政治の中心は東京へ移り、京都は一時火の消えたようにさびれた。商人たちも、けなげに呉服の荷などを持って、東京へと売りに行く。その人たちが、秋にはなつかしい京都へもどり、二十日に家でえべっさんをお祭りし、主人から番頭、丁稚さんにいたるまで講をして楽しんだ。それがえびす講のはじまりで、その日のおかずが、尾頭《おかしら》つきとしては、いわし。それにはんぺいとねぎの煮ものであったという。

なんとささやかな楽しみやったんやろう。

そんな古いことは、話に聞くだけだが、おたやん（お多福）のあめと、キリキリねじったあめん棒は、今でも露店の人気者。丸うて細長く、白い粉をまぶしたあめは、割っても割ってもおたやんやら、金太郎さんやら、とくすの顔が出てくるのが不思議やった。とくすとは、ひょっとこのことである。

今はもうなくなったが、とくにその日だけの売り物としては、「あめやおこし」というのがあった。四角いサイコロのおこし一つと、五センチぐらいの棒切れのあめ。

「二十日えべすには、ネルの端ぎれがようけでてて、前掛け一枚買うのがなにより楽しみどした」とはおばあさんのお話。えべっさんがすむと、京の秋は急に深くなってゆく。

（あきやま）

だしまき

卵焼きは、日本中どこにでもあるのに、だしまきのあのむっくりとした味は、京都だけやないかしらん。卵とおこぶのだしを合わして、うす味で巻き上げたもので、焼きたては、だしがじいわりとしたたるぐらい、やわらかい。

だしまきは、たまごとおだしとの割合がむつかしいて、あんまりゆるすぎても巻きにくいし、固いとまた味が悪い。卵四個に、おだしは金じゃくしに二杯あまり、いまの勘定になおすと、七、八十ccになるそうな。薄口のおしたじで味をつけて、京都では、だしまきにお砂糖はつかわない。

卵はときすぎると力《りき》を失《うしの》うて、巻き上げたときにつやがのうなる。まずこのとき加減がだいじで、つぎにおなべの焼け具合と火の加減である。手軽な卵焼きにくらべて、だしまきのほうは、なにかにつけて年季がいりそうで、料理人さんでも、だしまきがじょうずに焼けたら、一人前やといわれるくらいである。

だしまきは、銅《あか》の四角いおなべを強火で焼いて、油を引き、おなべをほおに近づけて、ホーッと熱が伝わったら、卵を流す。そして、焼けてきたら、手前のほうから返して、この芯があんじょう巻けたら、あとは、左手に持ったおなべの重みと、横から卵にさしたおはしで調子をとって、くるっ、くるっと返しながら、だしまきは、呼吸で巻く。

鯛のつけ焼きをほぐして、それを芯にして巻いた、鯛巻。はものはも巻。うなぎのう巻。どれも太う巻いて、塗りの浅い蓋物へ、一切れでんと納める。子たちには、なによりのごちそうやし、おとなはおねぎの白根を焼いて、それを二、三本芯にして巻いたねぎ巻が、ひねた味でちょっといける。

お正月にも、おひなさんにも、お祭りにも、なんぞごとのときには、きっとついているだしまき。あわあわとした味である。

だしまきは、心を巻きますのや、と、だれぞがいうてはった。よそ見をせんように、一心に巻くということやろう。侮《あなど》っていたら、卵のほうが、いうことをきいてくれしまへん、とも。玄人《くろうと》さんでもこれやから、しろうとは、よけいにむつかしい。

（おおむら）

めおと炊き

お焼きとお揚げの炊いたんをめおと炊きという。これは、焼豆腐と揚げ豆腐をいっしょに炊いたもので、昔からあるおぞよである。そして、出合いのものをいっしょに炊くのがめおと炊きで、むつまじい名がついている。

浮気心のおとこはお揚げ、やきもち焼きのおんなはお焼き、ということやろうか。お互いに、共食いのようで、おかしい。

雨の日、風の日、不加減なとき、月のうちには、なんべんとのう、買いもんに出るのもいやな日ィがある。そんなときは、おとふ屋さんは神さんみたいで、回りにきてくれはるのを待って〝お焼きとお揚げおくれやす〟と表へ出る。それが、近ごろは、回りをしやはるおとふ屋さんが減ってきた。

お揚げは、熱湯をとおして、油ぬきをする。そして、どっちもおんなじ大きさに切っておく。あとは、みりんを入れて甘かろう味をつけた地に、かつおも入れて、しんみりと炊く。落とし蓋がぷくぷくとゆれると、おいしそうなにおいもたちこめて、夫婦の情というのは、こういうおぞよの味にちがいない。

京のおんなは甲斐性があるのんか、夫に雑事は聞かさんように、台所向きのことにまで気ィ使わさんようにと、なにもかも切り回して、おとこにうしろは向かせない。

「世間のほうへ顔向けて、お仕事だけをしとくれやす」

めおと炊きのお焼きには、じっくりとお揚げの油けもしみこんで、味もようなる。気丈夫に見えるおんなでも、やっぱり心のうちには弱いところもあって、お揚げになじんだお焼きの味を、わがことかと、思いくらべる。

日日《にちにち》のおぞよには、そう手間ばっかりかけてはいられない。めおと炊きは、きものでいうならふだん着で、ただ地を合わして炊くだけの、手間入らずである。その気どらない味がかえって飽きもこないのんやろう。
けれど、目分量、手加減で炊くのが、いつもおんなじ味になるまでには、甘すぎたり、辛すぎたりの失敗も重ねて、どれだけの月日を経たことやら。甘さも辛さもともになじんで、めおと炊きは、もっさりとした、京のおまわりである。

（おおむら）

おゆば

お椀におつゆをはると、ほどけながら、ほどびてゆくお湯葉。湯の葉とはよくいったものだと思います。

お吸物、ちりなべ、甘からの煮つけ、どんなふうにしても淡白な持ち味が生きてきます。上等の大豆蛋白《たんぱく》は、病人食にも老人食にも向きます。お湯葉をおいしくいただくためには、煮すぎないのがこつ。椀種にするとき、あついおつゆをそそぐ程度で、もどるのです。

普通わたしたちが買いやすいのは、乾してあるものです。平たいのや、渦巻きにしたものや、小巻にして胴を細いおこぶで結んであるものなど。干す前のを、生湯葉といいます。これは柔らかくて甘くて、こんなおいしいものはほかにないのですが、日もちがしないので、お湯葉屋さんでも注文の分しか作りません。いうてみたら、贅沢ものです。けれどお懐石や精進料理にはかかせないもの。こんな食べものに出合うと、〝しあわせ〟と思う年になりました。

お湯葉を作る家が、京都にはたくさんありますので、くずみたいなところ、切りはなした端、そんなものを、しまつな京都のものは見のがしません。一袋いくらと、安くて、かさのあるみみは、ひっぱりだこです。みみとは湯葉を作るとき、細い竹ぐしで掬《すく》い上げて乾かすのですが、竹ぐしにひっついて残った部分です。形が樋《とい》に似ているので、といとよびます。

もうずっと前、近くにお湯葉屋さんがあって、通りすがりによく仕事場をのぞきこんだものでした。土間に長いかまどが作ってあり、長い長いおなべがかかっています。そのなかで豆乳が湯気を上げています。表面に薄皮が張ってくると、竹ぐしでそれをすくい取って、高いところにさしならべ、乾かすのです。竹のくしにひっかかる分量が一枚分のお湯葉。薄暗い土間に、ことばもなく立ち働く人々。たえず火がちろちろと燃えています。お湯葉は、湯波とも書きます。作っているところを見ていると、まるで波をすくい上げるようにも見えるのです。

近ごろでは機械で作るものが多いようです。けれど昔見たお湯葉屋さんの仕事場は、陰湿なものが妖しく美しさを放つ京都に、いかにもふさわしい所であったと、印象が深いのです。

（ひらやま）

すきやき

いまどき、こんなあほなことは、もう笑い話になってしもうた。すきやきを、現在《いま》ほどは食べなんだ、ずーっと以前のことである。

お年寄りは、牛肉を外国人の食べもんやと、まゆをひそめてはった。うちのおばあさんもそのとおりで、なまぐさのなかでは、牛肉は、おさかなやらかしわよりも、もっと下《げ》のもんということになっていた。かしわは鶏のことで、こっちはええらしかった。

すきやきをするときは、まず第一に仏さんの扉をぴっちりとしめる。そして、家のなかにもにおいがこもらんように、戸障子をあけ放して、風通しをようし、畳の上には、すきやき用の大きいござを敷いて、そこへすき台を置く。すき台は、飯台《はんだい》のまんなかを丸うくりぬいたもんで、七輪がはいるようになっていた。

また、すきやきには、使う食器も決まっていて、おはしは竹の割り箸で、これは使い終わったらほかして（捨てて）しまう。そして、ご飯茶碗も、玉割《ぎょくわ》りも、みんなこれ専用で、あとに、ほんの一口いただくお茶づけには、いつものお茶碗とおはしに持ちかえた。いまから思うと、どだい邪魔くさいことで、いただくときは、これまたおとこの人まで前掛けをし、子どもは胸元もよごさんように、胸前掛けをする。

すきやきのあしらいには、おねぎ、糸こんにゃく、お焼き、麩《ふ》などで、これはいまもいっしょである。それよりも、食べ終わったら、そのあとかたづけがまたたいそうで、ほっこりとする。下げた食器は、全部別にして、走りの下でみがき砂で洗う。ごしごしごしごしとみがきたおして、煮え湯をとおしてから、やっと走りの上へ置く。

なまぐさもんを食べたうつわを、走りの上で洗うたら、走りがけがれる、と、お年寄りがにらんではるからである。
古風なおうちでは、だれぞの命日に当たる仏さんの日ィには、きっちりお精進で、牛肉などはご法度《はっと》である。そやから、過去帳を開いて、いちいち命日をよけていたら、それこそ、すきやきをする日は限られてくる。ほんまに、なにからなにまで、いまではこっけいに思えるけれど、昔の人は、それで大まじめやった。

（おおむら）

十一月

◉嫁入り——昔の婚礼は、神無月《かんなづき》がすんだ十一月から翌年の花のころまで。上用のおまんを配る。

◉おしたけ——お火焚のこと。伏見の稲荷さんの祭礼が有名やけれど、方々の神社でも、商家でも、ごま木を焚いて拝む。お供えには、紅白のおまんと柚子《ゆう》のおこしと、おみかんと。おみかんはお下がりを焼いて食べると、かぜをひかんまじない。

上用のおまん

京都でお祝いのお饅頭《まんじゅう》は上用《じょうよう》です。

わたしたちはふつう、お饅頭とはいいません。おまんといいます。上用のおまんは、つくねいもをすりおろし、上等の米の粉を合わせて皮を作ります。むっちりと柔らかく、二、三日はかたくなりません。見かけはただのおまんなのですが、お菓子好きの人たちは、上用にはじまって、上用につきるとまでいいます。上用とは、上物のことですが、山のいもを薯蕷《しょよ》というので、このなまりだともいいます。

婚礼のお内祝いの、お嫁さんのおまん。大きな腰高を五つ、四角な箱に入れて、かけ紙にのし、水引《みずひき》、およめさんの名前を書いた小さな名刺をはりつけて、ご挨拶に配って歩きます。今ごろは紅白にすることが多くなりましたが、古風にしたがうと、おまんの皮は白一色です。婚家のどんな色にも染まりましょうという意味だといいます。またお嫁さんの無垢《むく》なことを表すためだともいいます。ていねいな家では子持ちにしました。これを蓬《よも》が島といいます。大きなおまんのなかに、親指の先ぐらいの小さなおまんが五つ入れてあるのです。小さなおまんのあんは、紅、白、緑、こしあん、つぶあんと五色にしてあります。ものすごく手のこんだおまんです。

病気の本復祝いには、白いおまんの皮に黒豆をちらしました。まめでいられますようにと、えんぎをかついで――。

えくぼ――。普通の大きさの上用のおまんのまんなかに、ちょぼっと紅の点をうったおまんを、えくぼといいます。あいらしいおまんです。ぎょうぎょうしくなくて、不祝儀以外ならいつでも使えます。お結納のときや結婚式の控室のお菓子用に。結婚式の翌日、お嫁さんのお部屋見舞いに持ってゆきました。

むかしは式のあと、すぐには旅行に出ず、初夜は家で過ごしたものでしたから。赤ちゃんが生まれたときも、お見舞いをかねて、小さなえくぼをあつらえて、お喜びに行きました。おどりの会の楽屋見舞いにも——。

十一月は婚礼の月です。お知り合いのなかにそんなお喜びごとがあると、かわいいお嫁さんが振り袖でおまんを持って挨拶にきてくださる。甘いものの苦手な家では、大きなおまんをもてあます。それでもこんな日は一日中はんなりとしたよい気分になるのです。

（ひらやま）

お茶づけ

どうしてこうお茶づけが好きなんやろう。人は、淡々《たんたん》とした人生を、お茶づけの味にたとえてはるけれど、そんな老境のことよりも、江州《ごうしゅう》は野洲《やす》のお米と、宇治のお茶がそろうたら、お茶づけを食べんほうが、ふしぎである。

朝、ご飯が黄色う染まりそうな、渋いお茶で、出したてのおつけもんと、塩こぶとで、さらさらといただくお茶づけ。からだがすーっと軽うなって、ねむ気もどこへやら、いっぺんに元気が出る。

用事に追われて気ぜわしいお昼には、塩ざけをほぐしたり、小指ほどの小さいうるめの丸干しを、遠火でほーっと焼いて、ご飯にのせ、こうばしいほうじ茶の出ばなで、かさかさとかっこむ。気分の悪いときにでも、このお茶づけなら、なんぼでもはいる。ご飯は炊き立てよりも、少うしさめてしまっているほうがよい。

ごちそうのあとには、千枚あられか薄いおかきを、ご飯の上でこまこう砕き、お塩をふって、こんなお茶づけを食べんことには、ご飯を食べた気がせえで、おなかがふくれていても、またはいるところが違う。

夏のおひる、炊きたての熱いご飯を、ちべたい水でようさらし、ご飯のねばをすっくり流して、パサパサの氷みたいにしてしまう。それにまた、ちべたい水をかけて、花落ちの小さいきゅうりに塩をつけもって、丸かぶりするお茶づけならぬ水づけは、のどがごくごくとして、暑さを忘れる。これは、真冬でも、すきやきなどの、しつこいもんのあとに、さっぱりと、よい。

おつけもんを幾とおりも並べて、らっきょうやら、梅干しも、そろえる。京のお茶づけを〝しみったれ〟と見下げてはった人が、このぜいたくさは、来て食べてみんとわからんと、かぶとを脱がはった。これからは、すぐきも千枚漬もあるし、お茶づけは、なんぼでもおいしいなる。

しんみりと、お茶づけの味がわかるのは、やっぱり、人生の苦渋を味わい尽くしてからやと。いいえェ、京のお茶づけは、子どものときから大好きである。

（おおむら）

お菜とお揚げ

結婚式の披露宴に、ホテルへ招かれた。若《わこ》うて美しい二人。きらびやかなお客の顔ぶれ。つぎつぎにはこばれる豪華なお料理。色とりどりのお酒を、少しずつなめているうちに、顔があつくなってきた。

心にいっぱいのしあわせが、自然に外へこぼれるのか、花むこさんは、ときどきひとり笑《わろ》うてはる。

白菊の花をいただいて、お二人の幸福を祈りながら帰る。

玄関を入るなり、重い袋帯をとき、訪問着をぬぎ去り、ヤレヤレとひと息。

たしかにおなかはいっぱいなのだが、なんやしらん、ものたりない。

ふだん着の毛糸のセーターをひっかけ、台所をごそごそさがして、冷やご飯とお漬けもの。——それになべに残ったお菜とお揚げの炊いたん。

菜っぱと、油揚げを、だしじゃこか、おかつおのだしで煮たおかずなんて、どんな料理の本にも、作り方ものっていないような簡単で、原始的な煮もの。でも、やっとこの味でよそゆきのわたしが、ふだんのわたしにもどる。おなかの虫もなっとくする。

白菜のなかぬき、水菜、うまい菜、ひろしま菜、みぶ菜、かぶら菜、てんま菜、はたけ菜。なんでもお揚げと炊いておいしい。

ぺちゃんとしたあぜかぶらは、近ごろめったに見かけないが、葉も根も食べられて、安うてかさが減らず商家のおぞよに重宝された。ほろっと苦いのが案外おいしかったけど。

ひとつには、京都のまちの近郊には、よい野菜が代々栽培されてきたからだろう。とりたての朝露にぬれたのを、幾種類か集めて大八車《だいはちぐるま》にのせ、町なかへお農家のひとが売りにくるのを、振り売りとよんで、お客と心安いなじみの間柄がつづいている。

もらってきた白菊の花を、花瓶にさして、しみじみながめて思う。どこの家庭でもおかあさんのたくおぞよの味なんて、ほんのふだん着みたい。あんまり口になじみすぎて、意識したこともないぐらいかしら。そやけど、家族の一人ひとりの好みを、ピッタリと知っているのはこのわたしの手。京都を離れ、よその土地へ行くようなことがあったら、案外、お菜とお揚げの炊いたんを、こいしく思うのではないだろうか。

（あきやま）

ぐじとおとうふ

ひと雨、ひと雨、しぐれるほどに寒うなって、北の山から冷たい風が下りてくる。そして、秋はひと雨ごとに深まっていく。

秋口のかますのあとに、白身でひと塩のおさかなというと、ぐじになる。焼いても、おつくりにしても、浜塩《はまじお》は、さっくりとしていて、そのくせ、あぶらけもある。これをおとうふと、炊きもって、お吸物仕立てでいただく。晩秋のしずけさは、煮える音までくつくつと。ほんに、もうなべもんがうれしい季節になっている。そうや、すきま風も気になりだした。

ぐじを炊いていただくのは、そのさっくりとした味からいうても、真冬にはたよりのうて、晩秋初冬の候と、早春のころが、ふさわしい。ぐじは、うろこをふき、皮も引いて、切り身にしてから熱湯をさっとおしておく。おとうふは、すくいどうふに。切らずに金じゃくしですくうやり方である。おこぶのだしをぎょうさんとって、土なべにさし、ぐじとおとうふをふつふつと炊きもって、お吸物の味つけにする。おつゆがへったらまた足して、味もなおしながら、中骨から頭まで、みんなァ炊いてしまう。

ぐじの身は白い。そして、おとうふも白うて、それにいろをつけんように、薄口で仕上げた味も淡白である。いただくときには、柚子をひとしずくポトンと落とすと、子どもまでがそれをまねる。子どもの舌は、こわいほどおいしいもんをよう知っていて、おとなが顔負けするときもあるくらいである。

ぐじの頭はまた、焼いて、うす味のおつゆを張っていただくと、格別の味がする。鯛の頭のうしおにうま煮、はもの頭のさんしょ焼き、それにこのぐじの頭のおつゆ、どれも活魚で、こんなものを食べだしたら、身のほうはあほらしいなってしまう。そして、ねこまたぎと笑われるほど、骨の髄《ずい》までしゃぶってしまう。

お寺のいちょうがカサカサと舞い落ちて、日に日に大樹は、はだかになっていく。すると風はよけいきつう吹いて、思わず首をすくめる。そんな夜には、なべもんの湯気が、ほかほかとあたたかい。

（おおむら）

にしんそば

京都の町を囲む山や谷から、もみじのたよりが流れてきます。桜のときとは、またちがった賑わいにわき立つのです。うきうきするというのではありませんが、静かななかに心がざわめくというふうで、おんなどうし誘い合わせて、高《たか》雄《お》や高山寺《こうざんじ》まで出かけてみたくなります。清水《きよみず》や東福寺《とうふくじ》など、東山の谷あいには心細いような日暮れがすぐきます。急に肩先が寒くなってきて、たれからともなく〝ああ、寒むやの〟。すると、やれうれしや、にしんそばの看板が目につきました。足は自然にそんなお店の入口へ向いてゆきます。

にしんそばというのは、身欠きにしんをやわらかく煮含めたものと、くさみねぎとが、熱いおそばの上にのっています。にしんは脂の強い北の国のお魚ですが、身欠きにしんは枯れた味の都の魚。生ぐさみがなく、おそばとの取り合わせは枯淡《こたん》の味わい。

もう三十年以上前のことでしょうか。

わたしはおそいお昼を、南座のよこのおそばやさんで食べていました。店のなかはすいていて、すこし離れた席で若い男女の一組が、にしんそばのお鉢を前にして話しこんでいます。聞くとはなしに耳に入ってくる話は、おんなが嫁入り先の苦労を訴えているらしい。ちょうどわたしと同じ年恰好の、若い人妻。おとこの方は、おんなの兄らしく、どこかのお店者《たなもの》らしいようすです。おんなはおそばをすくうはしも休みがちに、ときどき涙で声をつまらせる。若い兄にはなんの思案もありそうなはずがなく、ただ〝しんぼうし〟をくりかえすばかりです。やがておんなは顔をおおって、その手から嗚咽《おえつ》がもれました。わたしも結婚して二、三年たったころ。親のもとを離れてみると、日々は楽しいことばかりではなく、辛い悲しい思いも、身にしみて知り始めていたころでした。

芝居でなくて人が涙を流す場面に行き合わすことは、めったにありません。ふとかいま見たうそもかくしもしない情景を、わたしは何年たっても忘れることができないのです。そしてにしんそばといえば……、そんな大げさなことではありませんが、あの人は、今どうしてはるやろうかと、ときどき思うのです。

（ひらやま）

千枚漬

北の空に大きい虹がかかって、あのあたりはしぐれているのか、山のはだが七色に彩られている。北山しぐれは、京の名物で、そのころから、ぼつぼつ千枚漬の漬けこみが始まる。

お漬物屋《つけもん》さんの表には、大きい桶が持ち出され、その上に、これも大きいカンナを置いて分厚う皮をむいた聖護院《しょうごいん》かぶらが、一枚一枚けずられていく。千枚漬の名のとおり、薄うけずったかぶらは、生地が、紋紙《もんがみ》のように美しい。京都人は、この漬けこみ風景を見て、そろそろ冬支度を始めんならんと、思う。

千枚漬は、いっぺん塩であら漬けをし、そのあと、おこぶと調味料を使《つこ》うて、本漬けをする。天保《てんぽう》のころから、もうあったそうな。青みには壬生菜《みぶな》をあしろうて、タカノツメの赤いのが、ちょっとまじっている。

お漬物屋さんによって、千枚漬の味はちょっとずつ違うけれど、近ごろは、どこのお店のも甘すぎるので、家で漬けてみると、意外にじょうずに漬けられる。わたしの漬け方は本漬けのときに、みりんをやめて、お酒をふることにした。その方が、さっぱりとした味になる。

千枚漬の切り方は、かぶらを四、五枚重ねて、縦、横十文字に包丁を入れ、そのあいだをもう一つ十文字に切ると、一枚が八切れになる。だれが思いつかはったのか、屑がでない切り方である。

千枚漬は甘い。かぶら自体にも甘味があるので、それにおこぶの味がなれたら、かぶらの白いうちがおいしい。漬かりすぎると、かぶらはへたって、黄ィ味をおびてくるし、歯切れも悪うなる。そういうのは、刻んで七味をふると、またちょっと食べられる。

また、壬生菜を芯にして、かぶらをくるくると巻き、巻きずしのように切って、切り口を上に並べると、ご酒《しゅ》を召す方は、これで一献《いっこん》傾けはる。

家で無造作に食べるときは、はねもんを買《こ》うて、これは、けずりぞこのうて半月になったりしているものである。人さんへの贈り物には、きっぱりとよい品を選び、家用にはしまつをするのが、やりくりじょうず。お店でも、信用をだいじにして、ちょっとの難でも屑に落としてしまわはる。千枚漬に見る京都人気質である。

（おおむら）

おねぎとおいも

もう霜がかかってやわらこうなったおねぎと、さつまいもとを、かつおかだしじゃこをだしにして、炊く。おねぎはぼっとりとし、おいもはほっかと炊き上がる。けれど、おんなが好むわりには、おとこの人はいやがらはるおぞよである。

あるお店《たな》のご主人が、自分の奉公時代を思い出して〝一生このおまわりだけはせんといて……〟と、きつう台所へいい渡さはったとか。おとこの人は、もともとおいもが好きやないのである。それを辛抱して、無理に食べはった思いが、恨みになっているのんやろう。

京都では、毎日のおぞよに、お砂糖を使うことは、まァ少ない。しまつで、もったいないが口ぐせやから、おねぎとおいもの炊いたんにも、お砂糖は使わない。薄口のおしたじだけで味をつけて、それでも、おねぎはかむと甘いし、おいもも、もちろん甘い。材料がよいときは、その持ち味を十分に生かして、そうやないと、味を殺しては、それももったいないという。

そやからおだしも、だしじゃこを使うときは、あぶらのまわっていないない上等のを、いっぺんから炒りしてからにするし、かつおも、ごしごしとけずりたてがよい。

九条ねぎは、京の特産野菜で、昔、東寺《とうじ》の弘法《こうぼう》さんあたりは、一面ねぎ畑やったという。おねぎを作るのは、二年越しやと農家の人に聞いてびっくりした。秋にまいたのを三月ごろに移し植え、夏にそれを引いて半月ほど干す。そして、その根を切って、もういっぺん植えると、霜がおりるころに、やわらこう、甘みも出てくる。簡単に思うていたらおねぎは手間もんやった。

京都には、なにの日ィになにを食べるというきまりみたいなもんが割と多いけれど、その反対に、この日にはこれを食べたらいかん、というのもある。お大師さんを信心してなさる方は、弘法大師のご縁日である二十一日には、ぜったいおねぎは召し上がらない。おねぎも、生ぐさやからやろうか。

ついこのあいだ、初弘法さんにおまいりしたのが、もう終《しま》い弘法さんを残すだけになって、一年ぐらいじっきに過ぎる。町では顔見世のうわさをし、南座にまねきが上がると、もうすぐ師走《しわす》。おねぎもこれからがほんまの味になる。

（おおむら）

くき大根

しぐれの雨が降りかかるころになると、お大根がいっぺんにおいしくなります。わたしたちにお正月用のお漬けものを漬けるときがきたのです。お天気のよい日に樽《たる》を洗って陰干しにしておきます。くき大根《だいこ》を買いこんで、冷たい水で根も葉もきれいに洗います。手の甲も指先もまっかになってしびれ、ときどきいきをふきかけたり――。

葉と葉を結び合わせて、日当たりのよい軒先《のきさき》や、物干しのらんかんにつるしておきますと、日光と風に当たって、やがてお大根がしわしわになってきます。もう漬けてもよいのです。適当にしなって、樽にそって曲がります。すき間のないように詰めて、一段ごとに塩とぬかを打ってゆきます。お塩の量は大根の一割としたものですが、春までもたそうと思ったら、塩を強くしておきます。くき大根は、おぞうにのときのお漬けもんです。ぬかの香りもこうばしいのを、根の方を拍子木《ひょうしぎ》に、べっこう色の葉の方はみじんに切ってつけ合わせます。

お天気のよい日、障子の内側で、わたしは縫い物をしていると、軒の下に干したお大根に風が当たる音がします。なんとはなしに囁くようにも聞こえる音。それは葉が乾いてゆく音なのです。すると娘のころのことが心に浮かびます。実家《さと》の、奥深いどんつきの土蔵の前。いつもそこにお大根が干してありました。お大根を漬けたあとも、残った葉をわらでくくってつり下げてあるのですが、それが日とともにひっからびて、寒い風が吹くと、かさかさ乾いた音をたてるのです。お大根の干葉《ひば》は冬のお昼のおぞよでした。水にもどした茶黄色の葉っぱをおじゃこと炊き合わせてあって、枯れ葉をかむような日なたくさい味がしました。大きらいなおかず。大根干葉を京都では、のきしぶといいました。名だけはきれいだけれど、今は作ってみようとも思いません。

長ぐき、くき大根というのは、松ケ崎で作られていました。長さ二、三十センチ、根の先の方がぷりっと太く、ちょろりとした根がついている。中京《なかぎょう》あたりでは、このほか桃山大根というのを漬けもの用にしました。今はどういうわけか、両方ともできなくなって、品種保存用に少しだけ育てられていると聞いています。

（ひらやま）

ゆうのおこし

さざんかの花が開くころは、冬のけはい。あたりの空気もなんとなく紫めいて、やお屋の店に並んだおみかんが、にじむように黄色い。

十一月はお火焚のある日。おしたけ、おしたきなどと、子どものころは、わけも知らずよびならわして、心待ちにした行事である。伏見のお稲荷さんのお火焚祭が一番有名らしいけれど、どの神社でも、商家、しもたやでも、それなりの規模でごまゝ木を焚いた。普通二十八日が多くて、それも必ず午後にする。

お供えものは三種類。

まず赤と白の、おまんじゅう。楕円形で、皮の上にお玉《たま》の形の焼き印が押してある。安うて、塩っぽいような、あっさりしたこしあんが、また、おいしい。上用のように腰高でなく、ひらべったい形で、季節になれば、どのおまんやはんの店先にも、はんなりと並ぶ。

それと、ゆうのおこし。今年の豊作を感謝して、新米を炒り、あめで固めて、柚子の香りをそえたお供えもの。きっぱり三角に切ってある。

もうひとつはおみかんで、これは神さまにお供えしたあと、いげたに組んだごま木に火をつけたとき、投げ入れて焼く。今年も火難をまぬがれ、家内安全に、どうやら無事にすごせた幸運をかみしめながら、チロチロ燃える火を見守る、お年寄り。うやうやしく手を合わせ、「日日《にちにち》におかげをこうむりまして、ありがとうさんでございます」

ゆば屋、とうふ屋、造り酒屋、みそ屋、料理屋、ともかく毎日大火《おおび》を焚く商《あきない》の家では、おがみかたも真剣やった。

子どもたちは、ただうれしく、ごむまりのようにふくれたおみかんを、棒の先でかき出して、うばいあう。

あまい、すっぱい、そしてほろ苦い、お火焚の味。「かぜ引かんまじないどっせ」といわれて大げさに顔をしかめながらも、毎年一つは食べてみる。

うすい煙が空にのぼる。もみじの紅もいつか色あせ、冬の訪れも近い空。おさがりを、お盆にのせて、子どもらが近所へ配るころには、べんがら格子のまちに、はや日がかげる。

今夜は、しぐれるのか、西山は煙って見えない。

（あきやま）

おじや

お粥《かい》さんはコトコトと、おじやはクツクツと、心をこめて炊く。おじやには、雑炊のようにかやくは入れず、けずりがつおと、せいぜいおたまさんを落とすぐらいで、赤ちゃんのうまうまである。

「まァ、よう肥えて、かいらしいややさん」

まだ乳くさいほっぺたは、日に日にそのにおいがうすれて、京のややさんは、おじやで育つ。お乳をあげるときに、おかあさんが炊く離乳食である。

煮え立ったお湯のなかへ、冷やご飯とかつおを入れて、とろ火でクツクツと煮込む。おなべはゆきひら、片手の深い土なべである。ご飯がふっくらとのびてきたら、薄口のおしたじで味をつけて、初めのうちは、ほんのあるかなしかの味にする。そして、ご飯もとろとろになるまで炊く。ついでに、おじやと雑炊のちがいは、ご飯で、雑炊は熱いご飯を洗うてねばりを落とし、ご飯つぶもつぶさんように、さっと炊く。

それからは、赤ちゃんが育っていくほどに、ご飯のかたちもついてくるし、味のほうもふつうにつける。卵は、火からおろす間際にといてまぶす。

お人形さんみたいにかわいらしいややさんに、おかあさんのほうが、よっぽど大きい口をあけて、アーンといいもって食べさしてはる様子は、はた目にもほほえましい。すると、お年寄りが横から、

「乳くれる親はあっても、茶々くれる親はない」

と、そんなことをいいもって、赤ちゃんにお番茶を飲まさはる。

幼いころ、こうして大きいなってきたおとなは、いつまでも、おじやの味はお乳に思えて、忘れられない。そのぬくみもおかあさんのふところといっしょである。そんななつかしさも手伝《てつど》うて、いくつになってもおじやはうれしい。

通りの足音がカチカチと小刻みに高《たこ》う、冷えこみもいちだんときびしい夜ふけ、夜なべのあとにはあたたかいおじやが、心底ぬくもる。おとな向きには、こぶだしでコクのある味に仕上げたい。そして、あんまりかきまわさんように、さらっとしているのがよい。ほんのりとおしたじの色もあたたこうて。

おじやは、寒い夜にこそ、なつかしい。

（おおむら）

十二月

◉八日——針供養の日には、おこんにゃくを炊く。折れ針をこんにゃくにさして、川へ流しに行ったのは、昔のこと。

◉冬至——この日にいただくおかぼはあじないけれど、中風にならんまじないやという。

◉三十一日——大つもごり（わたしらはつごもりとはいわない）。ことし一年も無事に終わって、つもごりそばをいただくと、なんやらほっとする。

むしずし

南座の表に顔見世のまねきが上がって、お朔日《ついたち》は初日です。ついこの間までは時雨《しぐれ》が降るかと思うと晴れ、気がつかないでいるとまた音もなく降りかかっていたのに、それが十二月に入るとみぞれになって、雨まじりに重たい雪が降るのです。大きな牡丹雪は、道に落ちたしりから消えていって、積もりはしません。そのかわり舗道がぬかるんで、情けないようにぴちゃぴちゃになるのです。比叡山から吹きおろす北風が、日ごとに底びえを京の街々におき始めます。

かーんとよく晴れた日は、よけい冷えます。道ゆく人々は自然に前こごみになって、足早に歩いているのです。このころになるとおすしやさんではむしずしが始まります。店の先においた蒸籠《せいろう》からゆげが立ち、それはむしずしができるというしるし。

生魚のいきのよさを、そのままに食べさせるにぎりなら、歯にしみとおりそうな冷たさが必要かもしれません。けれど寒さのきつい京都には、熱いむしずしは、本当に思いやりのある食べものです。

むしずしはたいてい錦手《にしきで》のきれいな器に入っています。ふたを取ると、あたたまった酢の気が急に立ちのぼって、むせそうになります。すしめしの上に一ぱい錦糸卵《きんしたまご》がのせてあって、味の濃い甘からのしいたけ、あなご、えび、ピンク色の魚のおぼろ身。グリーンピースもぱらぱらと。すしめしの中にはむしずしにかぎってきくらげがきざみこんであります。ご飯にはしいたけの煮汁がしみこんで、全体に甘口のおすしです。むしずしはにぎやか。顔見世のきらきらした舞台に思いが通います。東京の友だちのなかに、舞子さんみたいなおすしという人がありました。彼女はどこかでたった一度、正装した舞子さんを見たことがあったそうです。

じいんと冷えこんでくるような日に、突然お客さんがあると、わたしは大急ぎで近所のおすしやさんにむしずしを注文します。おすしがとどくまでに、お吸物を作って、なにはともあれ、恰好がつくのです。
親しいおんな友だちばかりが、ひさしぶりに集まりました。けたたましいほどおしゃべりして、たわいもないことに笑いころげて、あげくのはては、少々おなかがへりました。だれかが〝むしずし食べへん?〟

（ひらやま）

関東煮

おだい、おこんにゃ、ひろうす、お焼き、こいも、ちくわ、ごぼてん、たこ……まだまだもっといろんなもんをいっしょに炊いた関東煮。かんとうにとはいわずにかんとだきという。つまり、おでんのこと。

川端に出ている屋台で、のれんに首を突っこんで、立ち食いをしてはる人を見かけると、ふっと、ささやかな幸せを感じる。関東煮は、上品におさまって食べるもんやない。大きい口をあけて、遠慮のうぱくつくのが、よい。おだいがおいしいなってくると、どこの家でも気安う作る。

おだいは分厚う切って、先にゆがいてしまい、水気を切っておく。材料はどれも大ぶりにして、こいももじゃがいももゆがき、こんにゃくはお湯をくぐらす。そして、揚げたもんは熱湯をかけて、油ぬきをしておく。これだけの下ごしらえがすんだら、あとは、気長《きなご》う炊くだけである。

おこぶとかつおのだしをぎょうさんひいておいて、引きあげたおこぶもいっしょに炊いてしまう。はじめは、野菜やらおとうふ類をみんな入れて、煮えてきたら、みりん、酒塩《さかしお》、お砂糖、薄口のおしたじで、ちょっとうすいめの味をつける。そのとき、お砂糖は控え目にして、つぎに入れるちくわやてんぷら類から、相当な甘味が出るからである。

こんどは、たこを残して、ちくわ類をみんな入れてしまい、煮立ったところでもういっぺん味をととのえる。そして、長いこと煮こんで、たこはいただく前にさっとたく程度。

関東煮の出来、不出来は、お焼きをいただいたら、いっぺんにわかる。おとうふには、味がようしみこむので、お焼きの味がよいときは、だいたいどれをいただいてもいけるはずである。

師走にはいって、だんだん家の用事が多くなってくると、そうそうおかずごしらえに手を取られていては、困る。それでもやっぱり作らんならん。そんなとき、関東煮は、下ごしらえさえしたら、あとは勝手に煮えているので、大助かりである。そのうえ、だれもきらいな人はいない。といたからしをそえて、晩酌をつけたら、おとこの人はにこにこで、お年寄りにはやわらかいもんを、子どもも、おなべを囲んではしゃいでいる。

（おおむら）

かれ

なだらかに連なる東山の色が、日ごとに変わってくる。それは晴れた日の朝に、いっそう深い。朽葉《くちば》色に変わった冬の葉に、山の霧がよぎると、あのように光るものだろうか。

京都の美しいのは秋おそくから冬にかけて。かれのおいしい季節でもある。かれはかれいいのこと。葉の落ちた木々のこずえに、北山しぐれをはこぶ風が吹きつけると、ひと塩干しのかれは、サラリと乾いて、味もよく身もしまる。

笹の葉に似てすんなりと白いのが、ささがれ。まんなかに、たてに包丁を入れ、こがさぬように両面を焼いてから、頭も尾ひれもはずすと、白い身はあっさり骨から離れる。

葉脈のような骨のつらなり。

あんまり味が軽《かる》うて、品がよいので、食べるのが惜しいみたい。

松葉がれは、ひし形で、身が厚く油がある。皮の黒い方を上にして、青い海の底に横たわっているのかしら。ふたつくっついて、右側にある目が、ねむたそうな。

ひと塩にして、皮をむいて料理する。

黒い表の皮も、裏がわの白い皮も、尾っぽのほうからピーッとむいて、肌のすべすべしたのを火にかける。厚い身に、油がジワジワ出て、杉綾織りの洋服地みたいなこげ色がついた時分が、食べごろである。

メリケン粉を両面にまぶして、油でカラッと揚げたのに、レモンをかけたのもおいしい。

おまけにむき取った白と黒の皮を、こんがりとのばしながらあぶって、細かくもみ、アツアツのご飯にかけたのも、おつな味。

若狭《わかさ》の海でとれたひと塩ものを、京都の人はとても珍重する。ほどよい塩味と、上手にあぶった香ばしさは、お酒にもよいし、ご飯のおかずにも合う。寒椿の咲くころには、えてがれ、水がれなどもおいしくなるが、やっぱりこれはおぞよ。味がちょっとしつこい。

なまのかれを切り身にして、甘からく、お焼きと煮つけたものは、お年寄りによろこばれる。

海の底に舞い落ちた、木の葉のようなかれ。冬のおとずれをかみしめてみる。

（あきやま）

おこんにゃ

芝居、こんにゃく、いも、たこ、なんきん——というのは、おんなの好物やそうな。なるほど、うまいことというてあって、そのうち、おこんにゃは、これもおんなとかかわりの深い、針供養の日のおぞよである。

京都の針の供養は、十二ヶ月の八日で、この日、かたいもんを縫って折れた針やら、曲がって使えん針は、みんなやわらかいこんにゃくにさして、いたわり、感謝する。一時代前までは、これを川へ流しに行ったもんである。

おこんにゃを炊くときは、どういうわけやのか、これをなんべんでもまな板にたたきつけて、それから切る。角切りにしたのを、いっぺんゆがいて、あとは、じきがつおに、酒塩かみりんをちょっとさして、お砂糖は控え目に、薄口のおしたじで、からっと炊きあげる。種を抜いたタカノツメをちぎって入れると、ピリッとして、これはおとな向きに。おこんにゃは、白いのよりも、黒い田舎こんにゃくのほうが、おいしい。

また、おちょくかおさじで、引っ掻くようにしてちぎったちぎりこんにゃくは、からからとから炒りをして、生じょうゆだけで炒りあげる。おしたじの味とかおりに、一味か七味をちょっとふって、これはご酒《しゅ》によろこばれる。

娘たちが、みんなお針に通うていたころ、針供養の日には、お師匠さんの家でご飯をよばれ、一日たのしい遊んだという。おすもじやら関東煮やら、おぜんざいもあって、笑い声は、千本格子のあいだから、こぼれるように表まで洩れていた。そして、ご飯には、必ずけんちん汁がついていたんやと。

ごんぼのささがき、にんじん、こいも、おだい、もみどうふなどを、いっぺん油で炒って、すましのおしに仕立てたものである。

八日はまた、お臘八《ろはち》で、お釈迦さまが悟りをお開きになった日やそうな。それで、僧堂さんでは一日から八日の未明まで、臘八大接心をなさる。その間はとりわけきびしい修行で、信者は雲水《うんすい》さんにお供養をする。

なんやらかんやらと気ぜわしない十二ヶ月。だんだん押し詰まってくるややこしさが、また気の張《はり》ともなっていく。

（おおむら）

おだい

冬がきて、きれいなのは花屋とやお屋。せわしない十二月の風に、くびをすくめて、小走りにかけながらも、思わず見とれる。

やお屋の店先の、おだい。丸いのも長いのも、白くみずみずしく、光るようだ。おみかん、ねぎ、にんじん、白菜、りんごにまじって、重たそうなのが白い肌を重ねている。

おつゆごと食べるのには、淀の丸大根がおいしい。バレーボールほどの大きいのを、サクサクと切って、そのままおこぶを鍋底に敷き、薄口のおだしであっさり炊く。苦味がないから、ゆでないほうが持ち味がいきる。アクをていねいにすくい、おかつおをゴシゴシかいて入れ、あんまり煮くたびれないうちに食べる。お揚げを入れるなら、油ぬきをし、おだいが柔らこうなってから。都風に、さらっとした煮物。薄味にしたてて、柚《ゆう》みそ、ごまみそなどを、とろりとかけてふろふきにしても情趣がある。

おかずにコトコトと炊きこむには、むしろ長大根がよい。ぶ厚く輪切りにして、おこぶ、おこんにゃ、こいも、お揚げ、しんじょ、ちくわなども取り合わせ、だしじゃこでとっただしでしんみり煮こむ。薄口と、ちょっと濃口のおしたじもさして、ご飯のおまわり。

「中風にならんように」と、わざわざおだいの炊いたんを食べにいかはるのが了徳寺《りょうとくじ》さん。京都、鳴滝《なるたき》の大根たきの行事である。十二月の九、十の二日、おだいとお揚げを大釜でぐつぐつ炊いて、信者さんに食べささはる。

おつけもん、おつくりのけん、みそ汁のうかし、大根おろし、きりぼしなど考えてみれば、寒いあいだ毎日おだいを食べない日がないくらい暮らしに親しい。

好きなのはみぞれ汁。大根おろしを、ふきんにつつんでザッと水気を切り、お椀のなかにひとつまみ置き、のりを火どってもみ入れ、熱いあついおすましをつぎ入れたお汁。かしわ、生ふ、わらびなどを浮かしてみそ仕立てにしたお汁に、おろしを入れたのも案外粋なものである。大根おろしが、一面に散るのをみぞれに見立てた名前やそうな。

雨でもない。雪でもない。格子戸からもれる細いあかりに、冷たいものが斜めによぎる日暮れどき。おだいのおかずがなつかしい。

（あきやま）

堀川ごんぼと金時にんじん

京都特産の冬のお野菜は、聖護院かぶらに聖護院大根、中堂寺《ちゅうどうじ》大根、九条ねぎ、壬生菜、すぐき……など、まだあって、堀川ごんぼもそうである。

秀吉の死後、聚楽第《じゅらくだい》はさびれて、お堀へは、近所の人がごもく（ごみ）をほかす（捨てる）ようになった。そしてある日、気がつくと、そこにごんぼが生えていた。太うて、まん中がほんがら（空洞）になっているごんぼである。地名をつけて堀川ごぼう、また聚楽ごぼうともいうた。

堀川ごんぼは、まん中の空洞へかしわを詰めたり、おさかなのすり身を詰めたりして、炊く。長いままで煮ふくめたのを、輪切りにして盛り合わすと、これは料理めいたものになる。

お煮しめには、ごんぼだけを分厚う切って、じきがつおでからっと炊きあげる。太うてもやわらこうて、それに、しこしこと風味がある。はじめに水炊きをして、やわらこうなったら、かつおを入れて味をつけるけれど、そのあいだ中、ぷんぷんとにおうている。

お煮しめにはまた、金時にんじんも欠かせない。上鳥羽《かみとば》あたりで作られている、赤い赤いにんじんである。金時さんのように赤いので、その名がついているのんやろう。よその方はびっくりしやはる。これもじきがつおでくっつりたいて、舌にのせると、歯ごたえはあるのに、やわらかい。

このにんじんは、かやくご飯にも、かす汁にも入れるし、おなますの色どりにも、もみじおろしにもまぜる。真紅の色がはなやいで、だいだい色の西洋にんじんとは、また、別のおもむきがある。

やお屋さんの店先が、お菜の緑やらおだいの白、にんじんの赤やらで、お花屋さんのように色鮮やかになってくると、それは冬のあかしである。そして、台所をあずかる主婦にとっても、品定めがしやすい。にんじんは、一本売りやら、盛ってあるのんやら。

けれど、堀川ごんぼは、もうめったに見かけんようになった。作る人も、作る地所も減ってしもうて、いまはわずかに洛北・一乗寺《いちじょうじ》のあたりで作られているると、耳にした。そのごんぼは、もはやわたしたちの暮らしとは無縁のもので、高級料理の珍味になっている。

京の土に生まれ育った堀川ごんぼを、もういっぺん、おぞよにしてみたい。

（おおむら）

たいかぶら

はじめての家をたずねて、さがしあぐねた。さっきまで晴れていたのが、急にかげって、みぞれでも降りそうなひぐれどき。

道の両側の小さな家から、手織りの音が聞こえてくる。着物のまち西陣《にしじん》。べんがら格子の家並にまじって、おじぞうさんがあっちこっちにお祀《まつ》りしてある。細い道と、同じようなまがり角と。――歩きくたびれて、ふと見上げた空に、なんとみごとな、おみかんの木があった。

柚子か、だいだいか知らないけれど、濃緑の葉のなかに、鮮やかな丸い実がこぼれるようだ。

しばらくはその美しさに見とれ、さて、急におなかがすいてきて、そのままサッサと家に帰ってしもうた。

鯛かぶらを炊くとき、いつもそのゆたかな実を思い出す。……そして、とうとうそのまま会わなかった人のことも。

鯛かぶらは、鯛の頭、それも活けの大きいのを形よく切ったのと、おおみかぶらの角切りを、土なべで炊いて、柚子の香りで食べる冬の京料理である。

こなした鯛の頭は、さっと熱湯をかけておく。かぶらはスのない、肌のきれいなのを厚く皮をむき、縦、横三センチぐらいの角切り。

お客に出すときは、面を取り、形をくずさないようにゆがく。ちょっと堅いめで火を止めて、ゆで汁を残しておくのがコツ。

だしに、薄口、砂糖、酒塩、濃口のおしたじも少々入れて煮立て、鯛の頭を入れて煮る。その煮汁を別の鍋に半分ほど取りわけ、さきのかぶらのゆで汁を加えてのばし、薄口で味をととのえ、この煮汁で四角なかぶらを静かに炊く。野菜に鯛の味をしみこませ、しかも濃い色がつかないためのくふうである。

べつべつに煮たこの二つを、土なべに盛り合わせ、柚子の皮の細切りを上にのせて、あたたかいのをいただく。好みで、柚子のしぼり汁をかけてもよい。土なべのふたをとれば、すきとおるようなかぶらと、部屋中にたちこめる柚《ゆう》の香。師走のせわしない一日の疲れも、やんわりとほぐれてゆく。

（あきやま）

ゆどうふ

京都の古い家の庭には、なぜかしゅろ竹の植木が多い。常緑で、薄い手のような葉。しめった火かげの土でも、よく繁る。

友禅《ゆうぜん》染め、西陣織りなどの京呉服をあきなうお店では、ことによろこばれた。はなやかな色彩で疲れた目が、中庭の緑でやすらぐのだろうか。

そのしゅろ竹の葉が、サラサラと間断なく音をたてると、雪である。雪おこしの風。

のれんをヘラヘラと動かして、手洗い鉢の水を凍らして、古びた障子のすきまから部屋のなかまで。

おこたに暖まると、お使いに出るのももう寒い。てっとり早《はよ》う、今夜のおかずは、湯どうふにしまひょ。安うて、手間入らず、だいいちおとふ屋はんが門口まで持ってきてくれはる。京都のおとふはおいしいらしい。昔からお寺が多く、お寺の近所にはたいてい代々つづくおとふ屋はんがあった。おとふの善《よ》し悪《あ》しは豆と水によるそうな。

はじめにつけじょうゆをつける。おかつおと、おこぶで濃いめのだしを取り、薄口と濃口のおしたじを加え、みりんで甘味をおぎなう。色は濃すぎず、甘すぎず、たっぷりとおたまわり（小鉢）に入れて、煮えたおとふをつけて食べる。

つぎに薬味。第一にさらしねぎ。寒に入って葉先は枯れても、ますます柔らかい九条ねぎ。丸のまま薄う小ぐちから切って、水によくさらしたもの。

第二にもみじおろし。長大根のなかに種をぬいたタカノツメをはさんで、おろしがねでおろす。ピリッと辛い。ほかに火どってもんだ浅草のり、おかつおの炊いたん。七味、一味。柚《ゆう》みそ、ごまみそもよい。

土しょうが、わさびをおろして、アツアツを生じょうゆで食べるのも、また、さっぱりとおいしい。

土なべの底にだしこぶを敷き、まんなかにはだし入れ、まわりに角切りのおとうふを入れて火にかけ、ふらふらと浮いてくるのを、すくいあげて食べる。煮えすぎてスがたたないように、葛粉《くずこ》の水ときを少量入れる家もある。

あたたかい湯気ですっかりくもったガラス窓。外はとっぷり暮れて、ただ葉ずれの音だけがサラ、サラ、サラ。

（あきやま）

おかぼ

冬至の日には、おかぼの炊いたんを食べる。そのおかぼは、台所の天井に、夏の終わりからぶら下げてあった。いまのように、冬でも夏の野菜があるわけではなかったから、こうして、残しておいたのである。

時季にはずれたおかぼは、夏の、あのむっちりとした甘味もどこへやら、べたべたの水かぼちゃに変わっていて、こんなあじないもんはない。それでも、冬至のおかぼは中風にならんまじないえ、と、いい聞かされて、いやいや食べたものである。それよりも、幼い心は、おかぼを食べたらお正月がくる、といううれしさでいっぱいやった。指を折って待つお正月である。

冬至のおかぼは、お砂糖をぎょうさん入れて、甘かろう炊きあげる。まじないというよりも、決まった日ィに決まったもんを食べんと、きしょくが悪いだけである。あじないもんをしんぼうしてまで食べることはないと、人さんには笑われるけど。

冬至にはまた〝ん〟の二つつくもんを、七品食べる。なんきんのほかは、にんじん、れんこん、ぎんなん、きんかん、かんてん。もう一つはうどんで、昔はおうどんのことを、うんどんというたそうな。人は、運、根《こん》、鈍《どん》の三拍子がそろうて、はじめて出世をするという。そのんにあやかるためで、運がようて根気があって、そして鈍やないとあかん。鈍は器用貧乏の反対である。

〝冬至十日前、気なし雇うな〟という。お正月の用意は、十三日の事始めからきっちりと始めて、忙しい。日は短いし、猫の手も借りたいぐらいで、うかうかしていると、すんぐに日は暮れてしまう。そのなかで、二十日だけは、果ての二十日というて、いまでも堅いおうちでは、御歳暮配りやら迎春の準備をいっさい控えはる。昔、罪人の首が落ちた日やそうで、耳の奥には〝きょうは果ての二十日え、かどへ出んと、家でお遊び〟というたおばあさんの声が残っている。

冬至がすむと、あくる日からは、畳の目ェ一目ずつ日も長《なご》うなって、そう思うだけでも気分はなごみ、ゆっくりと柚子湯につかる。これも、かぜを引かんまじないで、足腰を伸ばすと、暮れの疲れもじいわりとほとびれてくる。なりふりもかまわずに、掃除をするのも、いましばらくのことである。

（おおむら）

みそかそば

大みそかの夜に食べるおそばを、注文していたら、そのころ小学生だったわたしの子どもたちは、ラーメンの方がよいと、よくいったものでした。ラーメンが流行しはじめたころでした。子どもたちはなぜおそばを食べるのかと、毎年くりかえし聞きました。

「そんなことはよう知らんけど、大みそかはおそばにきまってますのや」

とわたしは答えます。

古い昔から、おそばは毎月のきわの日（月末）の食べものでした。金ぱくやら金ぷんをあつかうお家では、そば粉をまいて、仕事中に飛び散った金をはき集めるのです。そこでお金が集まりますようにと、商家ではきわの日、おそばを食べたのだと聞いています。

そのころ、中京の問屋さんでは、大勢の人をかかえていました。大みそかは丁稚さんも番頭さんも日の暮れるまで立ちどおしの大忙しです。お店をしもうて、たたきに水を流し洗い清め、大戸や勝手口の敷居はぞうきんで拭いて、やっと片づいたと思うころは、九時にも十時にもなっています。この晩はおそばの食べ放題。大きなお店では百ほどそば玉を取らはったそうです。おだしは家で作って、きわのきわまで細かな算用を忘れず、さすがしまつな京の商家。丁稚さんやったときには、みそかそばを食べるころは、物もいえんほどおなかがへって、五杯も十杯も食べました、とこんな話を聞かせてくれた人は、今は髪に白いものが目立ちます。

すわるひまもなかった一日がすんで、やっと家中を掃き清めて、わたしはおこたに入ります。更けてゆく夜をこもっていると、一年を終えた安心感で、身も心もゆるみます。いつまでも抱きしめていたかったような仕合わせの思い出。

二度と考えたくないようなにがい経験。みんなみんな時の流れがゆっくり流してゆきます。すると、人通りの絶えた闇のなかを、なにかが動いて行く音がします。こんな音をわたしは毎年聞くのです。ひたひたひたと、ひそやかに、きっと旧い年が去ってゆく足音なのでしょう。

除夜の鐘がなり始め、祇園さんではおけらまいり。みそかそばを食べて、そして新しい年がくるまで、寝ずにいるのです。

（ひらやま）

一月

◉元日——定紋《じょうもん》のついた塗りのお膳と四重ねのお椀で、白みそ仕立てのお雑煮を祝う。

◉(三ガ日)——にらみ鯛も、大福茶《おおぶくちゃ》も、おめでたいもんばっかり。

◉四日——鏡開きで、水菜のお雑煮。

◉七日——七種。七種のおかい。

◉十日——十日えびすには、糸かけの小鯛を供える。

◉十五日——小正月。あずきのおかい。

◉二十日——骨正月というて、ぶりやらさけのあらで、おだいをいただく。

おぞうに

京都のおぞうには白みそ仕立て。神仏にお供えするのに、なまぐさをつつしんで、おこぶだけでだしを取る。なかに入れる具は、まるいあも（小もち）、おかしら、ぞうに大根《だいこ》、こいも。

今年一年、まるう、人さまと争わず、出世してかしらになるようにと、すべては丸い。

おんなの人さし指くらいちっちゃいおだいを、四、五本束ねたのがぞうに大根で、葉を落とし、小ぐちから薄切りにしておく。かしらいもは皮を厚くむき、こいもはこぶりなのは切らずに使う。お正月の朝三日分を、暮れの三十日か、おおみそかのうちに、むすか、ゆがくかして用意し、まっさらのいかきに入れて、まっさらのふきんを掛けて戸棚へ。

おかつおも、前日にかいておく。たいていは冬休みの子どもか、丁稚さんの役目であった。おかつお箱を渡されて、薄う、長《なご》うとやかましく注意されながらゴシゴシ。これは元日、おぞうにをお椀に張ってからかける。

おおみそかの夜は、いてつくような冷気のなかを、八坂神社へ必ずおけらまいりに行く。人波にもまれながら、長い長い縄に神前の火をうつし、クルクルまわしながら帰ってくる。除夜の鐘の音が、あちこちからひびいてきた。縄は台所の目かくしに掛けたり、井戸のなかへつるしておいたり、火の用心がやかましかった。

元日の朝は若水をくみ、四方を拝し、つつしんで神さまの火でおぞうにを炊く。戦前までこの風習は固く守られ、それは男の役目であった。

さて、おこぶだしをさっと取り、白みそをとき入れる。つやのある、甘い、ほんのり黄色い白みそ。やっぱり京のおむしは色つけもせず上等やなあ……と、いえば、これがほんまに手前みそやと笑われることやろう。とろりとするほど濃くとくのがコツで、そのためには必ずみそこしを使う。

お汁ができたら、おかしら、おだい、こいもも入れて、しばらく味になじませる。おもちは別のなべでコトコトたいて柔らかくし、食べる直前に入れる。おとこは赤塗り、おんなは外が黒、なかは赤塗りの定紋《じょうもん》つきのお椀。そやけど、おかしらを入れるのは、元日の朝だけである。

（あきやま）

三種

ごまめとたたきごんぼとかずのこと、その三品を三種《さんしゅ》という。お正月のお煮しめは、それぞれに、おうちの風でちがうけれど、三種だけは、どこの家でも作って、お重に詰める。そして〝組重〟と書いたお箸紙には柳箸を納めて、そえておく。

おぞうには、まだ夜が明けやらぬ暗いうちに祝《いお》うて、なんでも、明るうなると、わざわいをもたらす不吉な鳥が飛んでくるのやそうな。そやから、未明のことを〝鳥の渡らぬうち〟というて、神事は清浄な闇のなかでおこなわれるのやと。おぞうにを祝う気分も、常よりはかしこまっていて、神さんやら仏さんに供えたお灯明《とうみよう》の火影《ほかげ》が、長《なご》う揺れているのが、よけいにすがすがしい。シンとした明け方である。

祝いの膳の前には、お重と、にらみ鯛と、大福茶《おおぶくちゃ》の用意もして、小皿に三種を取り分けるのは、家長の役目である。お重にはほかに、いもぼうやら、黒豆。それにくわえ、にんじん、れんこん、ごんぼ、おこんにゃ、おやきの炊いたんもきれいにはいっている。ごまめは、青うつやのあるもんがようて、いっぺんほうらくで炒ってから、お砂糖、おしたじ、タカノツメの輪切りにしたのもいっしょに、甘かろう炒り上げる。ごまめの頭を落とさんように気ィつけて、お正月もんは、ほんまに気が張る。

たたきごんぼは、小指ほどの細いごんぼで、前もって包丁でこすって、四センチぐらいに切っておく。太いところは二つ割りにし、一晩水につけてアクを抜く。そして、さっとゆがく。たたきごんぼは、パリパリと音で食べるのがおいしい。白ごまをすり、酢とおしたじを合わして、ごんぼの熱いうちにまぶす。おうちによっては酢をやめて、薄口と濃口のおしたじだけで味をつけなさるとこもある。

かずのこは、もっと早《はよ》うからしろ水につけてもどし、薄皮をとってそうじをする。それをちぎって、みりんとおしたじで味をつけ、花かつおをふりかける。けれど、生の塩子のほうが、えぐみがないので、それを好まれる方も多い。

台所の天井に吊り下げた恵方棚《えほうだな》へ、お年玉を供えるうれしさを思い出すのも、初春の陽気のせいやろうか。来る年も来る年も、おんなじ献立のお正月は、家族そろうて無病息災。〝相変わらずがよろしおす〟と、おらが春を祝う。

（おおむら）

にらみだい

にらみ鯛はお塩焼きの鯛。尾頭をぴんと張って、ひれにも化粧塩がきれいにかかっています。家族でお祝いするおぞうにの膳のまんなかで、かくべつ格調をもっていばっています。三ガ日はご祝儀に置くだけで、おぞうにがすむとあとはお勝手の冷たいところにしまっておきます。そして四日になってからいただきました。なんで昔の人はおいしいあいだに食べはらしませんでしたのやろ。子どもがちょっと箸を出しても、おこられたものでした。

わたしはなんとなくめんどくさくなって、にらみ鯛の用意をすることはやめましたが、近ごろでも年の暮れ、押しつまってくると、魚屋さんにお塩焼きの鯛がたくさんならびます。注文で焼くようです。なかには目の下一尺もありそうな大きなものもあります。この注文主はよほどえんかつぎか、または景気がよいのかと、思ってみたりして……。四日を待たずに元日の朝、そのにらみ鯛に、当たり年の人から箸をつける家が多いようだと、魚屋さんで聞きました。

あるおばあさんは「小さいころ、一人に一ぴきずつお鯛さんがつきました。三ガ日はようおにらみやすと、親にいわれたものでした。おおきな鯛は置きませなんだ」と話してくれました。

にらみ鯛の仕方も家々でまちまち。結局どこでも都合のよいようにしているようです。そしてわたしみたいに鯛の用意をしない人が多くなって、若い夫婦など、「なんでにらんでいるだけの鯛おかんならんの」とすました顔でいいます。古習というのは、もとの意味がぼやけてくると、すたれるのがならいのようです。気持ちの上では何となくそれも淋しくて……。

にらみ鯛の骨は、昔は後日お稲荷さんへおまいりしたとき、稲荷山に埋めてきたといいます。稲荷山まで行かずとも、庭のすみの土を掘ってそこへ埋め、決して捨てたりするものではないと聞いておりました。これも今の都会住まいではだんだん無理なお話。お正月もかわってきますのやわ。

（ひらやま）

はまぐり

お正月には、どういうわけか、はまぐりのお吸物をつける。ご祝儀もんというのんやろうか。元日のお昼は、あずのご飯（あずきご飯）におなますをそえて、塩ぶりの焼いたんと、はまぐりのおしと。元日に限らず、来客のお膳には、しめのうち中お吸物は、はまぐりである。

はまぐりは、二つずつカチカチと打ち合わしてみて、高い音がしたら大丈夫で、それをだしこんぶといっしょに煮立てる。はまぐりは、一人二つずつの割やから、おだしもその勘定にしたらよい。

おこぶは煮立つ寸前に引きあげて、そのうちはまぐりも、ぽかっと口をあける。そして、白いあわを吹く。それを、ていねいにすくいとって、お塩少々と薄口で、さっぱりと味をつける。煮やしすぎんように。そやないと、身がかとうなって、はまぐりはやわらかいのがおいしい。

お椀に、はまぐりを十文字に重ねて置き、下の貝の身をはずして、上の方へ入れる。つまり、上の貝には開いた両方に身があるようにして、そして、おつゆを張る。いただくときに、おかんをしたお酒をひとしずくぽとっと落とすと、ほんのりと味がようなる。

はまぐりの酒むしは、お吸物よりもっと味が濃うい。はまぐりは大きいのを一人一個。きれいに洗《あろ》うて、炊いたときに口が開かんように、つ、な、ぎ、を出刃で切っておく。それをおなべに並べて、お酒を入れて炊く。お酒は、はまぐり四個に五勺《しゃく》ぐらいで、はまぐりを取り出して、おもてがすぐに乾いたら、それでよい。蓋物に入れ、お酒はおだしでちょっと延ばして、絞りしょうがを落とし、それをかける。はまぐりの口をあけると、おつゆがこぼれ出て、酒むしの味は、こまやかである。

たのしいのは焼きはまぐりで、網にのせてふつふつと焼くと、かたい口をぽこっとあける。焼きすぎんように、おしもこぼさんようにして、つぎつぎと焼きもって、だんらんのひとときである。

酒瓶のつとに入れて、たわらのようにくくってあったはまぐり。近ごろはもう計り売りで、そんな情緒はないけれど、暮れのうちから、水のかからん、暗いひんやりとしたところへ置いておく。

（おおむら）

水菜のおぞうに

四日は鏡開き。飾ったお鏡さんを下げて、それでおぞうにを祝う。この鏡開きは、十一日のところもあるらしいけれど、京都の古いしきたりは、やっぱり四日やと、民俗学の先生から教わった。切ったおもちをこんがりと焼いて、壬生菜だけで、すましのおぞうにを、つくる。

壬生菜は京の特産野菜で、京菜ともいう。もとは、壬生狂言で名高い壬生寺さんあたりでできたお菜である。けれど、いまはもうお寺も町なかになってしもうたので、もっと、ずーっと南の吉祥院《きっしょういん》やら上鳥羽の地で作られている。葉はすんなりと細長うて、先がまるいこの壬生菜のことを、わたしらはふつう水菜というている。ほんまの水菜は、葉がギザギザになっているし、シャキシャキとするけれど、壬生菜のほうが、お菜がぼっとりとやわらかい。

おぞうには、おこぶをぎょうさん使《つこ》うてだしをとる。そこへ、一寸ほどに切った水菜を入れ、お塩少々と、薄口、化学調味料で味をととのえてから、焼いたおもちを入れる。炊きすぎて、水菜がべとついてもいかず、生煮えでもない。お菜の歯ざわりが、ショリッとしているのが、おいしい。

三ガ日、白みそ仕立ての煮もちを祝うてきたのが、この日は、焼いたおもちのこうばしさと清汁のさっぱりとした口あたりが、うれしい。そして、祝い終わるとほっとする。

四日という日は、ややこしい。日ごろ出入りのお店からは、ご用聞きがやってきやはるし、初まわりには、げんを祝うて、なにがしかの注文をするのが、義理がたい京都人の性分である。そして、お寺さんが、大般若経のあがったお札を持って、お年始のあいさつにみえるのも、四日からで、一日中、あれやこれやと応対に忙しい。

いうなら、四日はふだんの暮らしが始まる日ィで、三日のあいだ使うた祝い膳も、もうお湯をとおし、からぶきもしてかたづけた。お重に残っているお煮しめ類も、別のうつわに移して、お重の手入れもすんだ。こうして、年にいっぺんだけ出して使う道具類をていねいにしもうていると、ふっと、来年のことが気にかかる。それまで人も世間も無事やろうかと。そして、柳箸にだけ松の内のしるしを残して、ふだんのお茶碗で気楽に祝う、水菜のおぞうにである。

（おおむら）

七種がゆ

お正月七日のお祝いは七種がゆです。せり、なずな、ごぎょう、はこべら、ほとけのざ、すずな、すずしろ、これぞ七草――。その一つ一つは、知っているものもあれば、見当もつかないものもあります。野の草、畑の菜を七種とりそろえ、おかゆに煮込んでいただくことは、ずいぶん昔からあったようです。わたしたちは今、お椀のなかに湯通しして柔らかくしたおもちを入れ、上から熱い菜がゆをついでいただきます。お菜が色を失わないように、お椀につぐちょっと手前で、おかゆに散らすのがこつです。淡い塩味が、いかにも早春の芽ぶきを感じさせます。うれしいお祝いです。

祝菜は前日、やお屋さんで買っておきます。枕草子にも、六日にちごどもが売り歩くようすが書かれています。毎年わたしが買うのは四草ぐらいしかありません。畑菜に、せりとなにか名も知らぬ草が合わせて藁《わら》しべで結んでありま す。昔は中京では鴨や山科《やましな》のおばさんが持ってきました。それを六日の夕食のあと、お勝手元のしまいごとがすんでから、祝いはやして切りました。まな板の上にお菜を置いて、片手にながたん、もう一方の手にすりこぎ、金ひばし、杓子《しゃくし》などを持って、歌いながらまな板を打つのです。

とんど（唐土）の鳥と　日本の鳥が

渡らぬ先に　ななくさ　なずな（または祝お）

この歌はまだ少し長いのですが、わたしは知りません。むかしの中京のお台所は寒い場所でした。通り庭のたたきに流しがあって、足もとから冷えこんできます。しーんと冷たいお台所に、はや、となりではやす音が聞こえてくると、

「となりさんも始まった。はよ、うちもはやしまひょ」

と母たちは気がせくようでした。

わたしの祖母は、お菜をきることに限ってはやすといっておりました。そんなことを思いあたるような年になりました。母から娘へ、姑から嫁へと、口から口へ伝わっていたこんなとなえ言も、まともに守る人たちも少なくなりました。七種がゆは忘れずにお祝いするわたしですが、もう六日の晩に、はやすことはしません。それでもおこたにあたりながら、ふと声になります。

とんどの鳥と、日本の鳥が――。

（ひらやま）

こうがいもち

十日ごろになると、町のお茶のお師匠さんのところでは初釜《はつがま》がかかります。京娘は昔から、お茶は習わねばならないもののように思って、年ごろになるとお稽古に上がりました。お初釜はお年始もかねるわけです。ふだんは洋服ばかりで暮らしている娘さんたちも、きれいな着物に重そうな帯、まっ白なたびの装いで、いやに神妙です。急に娘々してくるのは、どういうわけでしょうか。

お茶室に入ると、ここも常の日とはちがって、結び柳の長い枝が床柱《とこばしら》の花生けにかかり、よい匂いのお香がただよいます。さわやかにおかまが鳴って、お湯かげんも上々です。

「お菓子　ちょうだいいたします」

とお師匠さんに教わったとおりの口上で、懐紙《かいし》にお菓子をとると、こうがいもちです。

やわらかなおもちの皮を二つに折って、みそ味の白あんが包んであります。両端からでるように、ごぼうの甘だきが一本、皮もあんもごぼうも、とろけるように柔らかいのです。

お菓子の形が、日本まげのこうがいをさしたのに似ているので、こうがいもちというのだそうです。もっともこれはわたしたち庶民のあいだのこと。もとは御所でお正月に、紅白の菱形のおもちに白みそとごぼうをはさんで召しあがったのだと聞きました。菱花びらというのです。今、お菓子屋さんによっては、白いおもちのなかに淡紅《うすべに》のあんを入れて、花びらもちということもあり、紅色がすけて、はんなり美しいので流行みたいになっています。

お茶に関係なくても、お正月のお菓子にこうがいもちを用意されるお家があります。お年始にうかがったとき、お薄《うす》を一服たててくださる。お菓子はこうがいもち、さすがァと感心して帰ってきて、お菓子一つでそのお家を床《ゆか》しいと思ったり。
お正月はおんなの人が美しくなるときです。常日ごろわれながらいじらしいと思うほど、目立たずにおんなはよく働きます。そんな人たちが、つつましいなかにも輝くときなのです。日本まげに結っていた昔のおんなの人はなおさらだったことでしょう。毛の一筋も乱さないように結い上げた初髪に大事なこうがいを一本さして……。名もないおんなの人たちを美しいと想像したりするのも、のんびりしたお正月のせいでしょうか。

（ひらやま）

糸かけのたい

京都にはお寺や神社がいくつあるのかしら。ちょっと歩いただけでもお寺。横丁へまがると神社の鳥居。どんつきの山には知恩院の屋根やら、清水さんの塔が墨絵のように浮きでているし、道では気にもならへんぐらい、お坊さんとすれちがう。

関係のあるお商売も、金襴《きんらん》屋はん、仏具屋はん、数珠《じゅず》屋、装束屋、香、墨、筆、花。よう知らんけど、おみくじを印刷する会社もあるそうで、初詣の人びとは、今年の運勢を占って、われさきにとおみくじを引かはる。神社やお寺の手ごろな木の枝は、お正月のあいだに、白い花が咲いたように一面それが結えてある。

だいたい京都のおんなは信心深い。しかも、それが、食べものと結びつくところが、なおいじらしい。

一月十日はえべっさん。えべっさんのお好きなものは鯛である。古い商家では今も忘れんようにえびす神を祭って、商売繁昌を祈るならわし。

わたしの家でも、九日に神棚から木彫りのえべっさんをおろして安置し、えびす大黒の掛物をかけ、十日に糸かけの鯛をお供えする。

もともとえびす神は海中から出現された神さまで、漁村では漁をもたらしてくれるという信仰があるのだそうな。

その海の幸の王さまである鯛の、二十センチあまりのイキのよいのを、紅白の木綿糸でピンと張り、今しも緑深い海中からキラキラおどり出たような姿に糸かけをする。

まず、鯛の背びれの一番はじめの骨に糸をかけ、裏へまわして口へ、胸びれを起こして二、三回巻き、それを尾にかけてぐっと引っぱる。つぎにまた胸びれを通って、腹びれにかけ、最後に口へもっていって止める。こうすると鯛は尾を勢いよくはねあげ、背びれも力強く開き、えらい威勢がよい。小さな木彫りのえべっさんの前に、どんぐり眼《まなこ》をむいてかしこまった小鯛は、なんとなくほほえましい。

お正月三ガ日は、うらうらと晴れても、十日ごろになると、にび色の空から小雪が舞う。底冷えも本格的になる。

糸かけの鯛は、お供えがすんだら、かぶらか、おやきとたいて、結局わたしらの口へ入ってしまう。これがまず今年はじめのえべっさんの福らしい。

（あきやま）

あずきがゆ

あずきがゆ――ではけったいな感じ。うちらはあずのおかいといいます。一月十五日の朝に食べる。ちかごろはお昼に食べるという家も多いらしい。ふつうの白がゆを炊いて、おおよそ煮上がったところへ、別に柔らこう煮ておいたあずきをパラリと入れ、むらしたもの。お椀のなかに小もちをよそおい、その上から熱いあずのおかいをたっぷり入れて出す。

わたしはこのおかいさんが大好き。もっとも家中がおかい好きで、おいもを入れたり、お菜をまぶしたりして、冬ならではの味をよく楽しんでいる。ときどき、

「うち、おかいい屋という商売を始めようかしらん」

と冗談をいうたりするほど、上手に炊くのはむずかしい。

ただお米と、水だけが材料やけど、十分水にひたしておいたのを、ゆきひらかほうろうのなべでコトコトと弱火にかける。とちゅうで絶対水をさしたり、かきまわしたりしないこと。あずきはよく洗い、水から火にかけて煮る。そのとき竹の皮の端っこを二センチぐらいにさき取って、ちょっと結んで入れておくと、ふしぎに早く柔らこうなるそうな。またびっくり水といって、煮上がりばなに二、三度水をさすと、これも上手に煮えると教えてもろうた。注意して、はち切れそうになったら、いかきにあげておく。

そやから、あずきごはんとちごうて、おかゆは赤い色はしていない。まっ白でとろりとしたところに、点々とあずきが散っているのを、お祝いのはなやかな色合いと見たてたわたしらの祖先は、風雅な色彩感覚を持ってはったんやなあ。

あずのおかいは、そのゆで汁はつかわないので、普通どこの家でも豆を多い

めに炊いて、おぜんざいをつくる。こどもも娘も、

「こっちのほうがええわ」

幼いころ、このおかいさんを食べると、お正月は去《い》んでしまうと思い、悲しかった。

十五日は神さん棚やら、門口やら、お便所のお飾りさんを取りはずし、お正月の道具に湯を通してかたづける日。

あずきのコトコト煮える音をききながら、年賀状がこなかったあの人、この人のことなど思うて、なんやしらんほっこりしてしまう。


（あきやま）

ぶりの骨

お正月は十五日で松の内がすんで、あとはもうなんでもない普通の日になるのに、二十日をまた骨正月といいました。この日はぶりの骨やさけの頭を使って、かす汁をつくったり、お大根と炊き合わせて食べたりしたのです。わたしが骨正月をおぼえているのですから、そんなに前の話ではないと思うのに、いまの若い人たちには耳新しい言葉みたい。よその国の珍しい習慣みたいな顔つきで聞くのですから、妙な気がしてきます。

昔は今のように冷蔵の設備が整っていませんでしたので、お正月用には塩のぶりやさけをたくさん買っておきました。歳時記を開いてみると、ぶりはつばす、はまちと成長につれて名がかわるので、出世魚といい、人もそれにあやかるようにぶりを食べるのだと書いてありました。また、さけは塩でもたせてありますので、焼くと塩をふく、からいからい魚。そんなお魚類が二十日ごろには身がなくなって、骨や頭ばかり残っています。ぶりの骨には熱湯をかけて生ぐさみをぬき、お大根と炊き合わせました。さけの頭は出刃包丁で割って、それを薄く切って、かす汁に入れました。どんなにしても、しょせん生ぐさくて、子ども心に好きではありませんでしたが、これをいただかなかったらほかに食べるものがありませんでした。

京都の家の造りは、片側が裏までつつぬけの通り庭になっていて、そこにお台所があります。天井もなく太いはりがむき出しになっています。上の方に天窓が一つ、そこから光が入ってきます。表から裏までつつぬけのお勝手元には、よく風がとおります。底冷えのする京都の冬には、いよいよ寒い台所です。ですが物はくさらず、天然の冷蔵庫といったぐあいです。

わたしはときどき、実家の中京の家のお台所を思い出すのです。おくどさんに薪をくべてご飯を炊いているおなごしさんの背のあたりの暗いところに、縄でつり下げてあった塩ぶりやさけのことを。それが日とともに短くなって、やがて頭ばかり残るころ、たたきに生ぐさいしたたりのあとがついています。少女のころは、それを心の底からうとましいことだとながめていました。

今そんな少女のころも、母がいる中京の家も、なつかしいのです。

（ひらやま）

ゆうあんづけ

ひらめを、もっとのんきにしたようなお魚——まながつお。ひしもちみたいな形で、頭がちっちゃく、ずんぐりとして、まんぼうの子分みたい。京都ではふつう、まなとよぶ。

べんがら格子の表戸を、朝ごとにふく指が、切れそうにつめたい一月、二月。雪がチラチラするあいだ、まなはおいしい。淡白で、しっとりした持ち味は、そのまま食べるよりみそ漬けにしたり、ゆうあんづけに。懐石のお焼きものにもよろこばれる。

まず、銀色に、にぶく光るうろこを取り去り、三枚におろして切り身にする。

小さいのは片身を四きれ、大きいのなら六きれほどに。

濃口のお醤油と、その半量のみりんをあわせて、柚子の実をキュッとしぼりこんだつけ汁に、五、六時間ひたして焼いたのが、ゆうあんづけ。色の濃いのが好きならたまりを。粋《すい》な味が口に合うなら、お酒を。それぞれ少量入れて、おかげんようする。柚子は薄く輪切りにして、ひたしておいてもよい。

ゆうあんづけは、まなだけでなく、さわらでも、鯛でも、ぐじでもできる。若い人のおかずには、いか、ブタなども応用しておいしい。

ついでにみそ漬けのことを書いておくと、まずおみそ屋さんで、みそ漬け用のあらみそを買い、みりんでとろりとなるほどにのばしておく。まなの切り身に薄塩をして半日ほどおき、よくふいて、おみそのなかに漬けて、三日目ほどが食べごろである。

お正月のお料理にも、そろそろあきてきた。

おひるの支度のついでに、切り身を漬けておけば、夕はんにはまにあう。とろ火で、こがさぬように焼くのがひと苦労やけれど、酢づけの小菊かぶらでも添えれば、お客さまにも出せるおばんざい。

ガス用の焼き魚器の上に、ふちの曲がった金網をのせ、その上にもう一枚平らな網を置いて焼くと、だれでも上手にこげ目がつく。

京都のひとの、好きな魚は淡い味。と、いうよりむしろ、そっけないような。よろこびのときにも、まして悲しみの日には、大げさな表情を好まぬ、ちまたの人びとの好みのあらわれか。ちょっと見には底冷えの日のように、冷たそうだが、思いは深い。

ゆうあんづけも、くどくならないように、あっさり仕上げたのがおいしい。

（あきやま）

栂尾炊き

とろりと甘いさつまいものうま煮。お菓子に近いようなお砂糖だけの味つけです。さつまいもを栂尾《とがのお》炊きにするのは、夏の終わりごろ、赤いもの細いのが出始めるころからで、お盆のお供えにつける家もあります。けれどやっぱり秋になって、おいもの取れどきがくるとおいしいし、冬に向かうと甘味はいっそう増してきます。

母は娘のわたしに、〝栂尾炊きやなんて大そうな名がついているけど、むつかしいこともなんにもないただのおいもの煮ころがし〟だと教えました。わたしはつい最近までそのとおり信じこんでいました。栂尾は京都の北の方のもみじの名所です。おいもの煮たものにも名がついて、京都らしいことや——。ところが本当のお料理法は、おいもを小指ぐらいの大きさのかつらむきにして、それを煮くずさないように、しかもとろっとあんが出るように煮るのだそうです。これができたら料理人の腕も一人前。聞くだけでも、むつかしそうでびっくりしました。

松の内もすんで、やっとわたしたちおんなにもひまができました。日ごろは電話で用事をすましているお友だちとより合い、おすしでもとって話し合えるのもこのごろ。お清汁になにか一品と思って栂尾炊きを作ってみます。おんなはおいもが大好きです。ほんに、いも、たこ、なんきん、芝居、こんにゃく、おんなの好きなものをこんな風にいい、おいもが筆頭です。

本式に作りたい人はおいもをかつらむきにすればよろしいが、まあ、わたしたちは堪忍してもらって。まずおいもの皮を思い切り厚くむきます。皮のすぐ下がアクが強く、色がきれいにでき上がりませんので。小指ぐらいの拍子木に切り、面とりをして、一晩水に放してアクをぬいておきます。なべにおいもを入れて、ひたひたに水をさし、たっぷりのお砂糖と、ほんの一つまみの塩を入れて火にかけます。煮立つまでは強火で、そのあとはうんと火を細めて、おいもをゆっくり煮上げます。おいもがすき通るような感じになって、お汁もへってきましたら、みりんをたらしてもう一度火を強くし、おなべごとゆり動かします。このときあまり乱暴にするとおいもがくずれるのでご用心。煮汁においものあんがとけて、とろりとしてきたら火をとめて、静かにさまします。

栂尾炊き、思うてみたら、みやびた名前です。

（ひらやま）

なんばもち

清冽《せいれつ》というのは、京の、冬の流れのためにあることばやないかしらん。鴨川は、鏡のようにかたい水面のままで流れていて、その上を、遠く丹波の山々からおりてきた風が、勢いよう渡る。北風は、ちべたい。寒である。

そんなときでも、大橋を渡るときは、きっと比叡のお山を仰ぐのが、くせで、骨にまでこたえる寒さに立ち向かうように、背を伸ばす。しゃんと。この気候に耐えることが、芯の強い京おんなを育ててきたんやろうか。頭に白いものを頂いているお山も、毅然とした姿でそびえている。

わたしは、それをながめながら、いつも上村松園《うえむらしょうえん》さんの絵をしのび、井上八千代さんの舞姿を思い浮かべる。ともにきびしい姿勢である。寒のうちの京は、寒さだけではのうて、修行にもおけいこごとにも、なにもかにもきびしい。そんな夜ふけにあたたまる、一椀のなんばもち。

おねぎとおもちのすまし汁がなんばもちで、もうおもちも食べあきたころに、ちょっと作ってみると、またおいしい。地のおねぎは、霜がかかるほどにやわらこう、炊くとぼっとりとして、甘い。それを、一寸ぐらいに切って、先は気前よう落とす。そして、おもちは焼くほうがこうばしい。

おこぶとかつおで上等のだしをひいて、おねぎを炊き、お塩少うし、薄口のおしたじ、化学調味料で味をつけてから、おもちを入れてさっと煮立てる。おつゆをにごさんようにして、炊きたてをすぐにいただく。おねぎも、炊きすぎずに、まだ青いうちがよろし。

寒にはいると、三味線やら義太夫《ぎだゆう》の寒げいこが始まり、寒行もおこなわれて、法華《ほっけ》さんでは、太鼓の音を響かしながら〝ナンミョウホウレンゲーキョ、ナンミョウホウレンゲーキョ〟と、夜ふけの都大路《みやこおおじ》をお歩きになる。通りは凍《い》てているのに、子たちまでがお供をして、甲高《かんだか》い声も一緒である。

「寒いのに、ご苦労さんなこっちゃ」

そんなことを話しもって、いただくなんばもち。寒の水は、おもちにカビが生えへんね、と、おばあさんはいうてはった。そして、寒もちをついて、ひと冬になんべんでも味わうなんばもちである。


（おおむら）

ひねこうこ

しわしわの古漬けたくあんを薄切りにし、け出しして煮たものを、京都の人は〝おつけもんの炊いたん〟という。

先日、東京の人に食べさしたら、

「ひゃっこればかりはどうも――」と、ひとくち食べておうじょう(閉口)しゃはった。

独特のにおいがあって、切り干し大根ともちょっと違う。おいしいとも、あじないともいいようのない味だが、ふしぎに京都人の口にあう。

雪も降らず、ただシンシンと底冷えする冬の夜、表を通るげたの音を聞きながら、これでお酒をチビチビのむのが、京都にうまれた男のしあわせという人さえある。

漬けもの桶の底に、はりついたように残り、すてるよりほかないひねこうこを、煮て食べさせるなんて、京都人のけちんぼの標本だと思う人も多いやろ。

しかしわたしたちは子どもの頃から、

「これはぜいたくなもんえ」と、教えられてきた。

そのままでもおいしく食べられるおだいを、お漬けものにするのが第一のぜいたく。しかも一家中が毎日食べて、まだまだ残るほどたくさんに用意できるという暮らしが存外のしあわせ。それをまた塩出しして、おだしやら、手間やら入れて、おいしいおかずに炊くのはぜいたくと思わんならん……と。以上がだいたい祖母のお説教の大要であったかと思う。これを大名だきともよぶそうな。

人間が、三度三度のごはんを思う存分食べられることを幸せ……と思うて暮らした歴史はずいぶん長いことに違いあるまい。

——さて、おこうこは、ていねいに薄切りする。つぎに水に漬けて塩けを抜く。台所のはしりの隅に鉢を置いて、立ったついでに何度も何度もてまめに水をかえる。

そして、だしじゃこと、種を抜いたタカノツメを入れて、酒塩《さかしお》と、薄口をさし、たっぷりのだし汁がなくなるまでコトコトと炊きあげる。

たくさん炊いて歯にしみるような冷たいのがおいしい。今はやりの即席食品とは似ても似つかないしん気くさい煮物である。

しかし、ごちそうを食べあきた中年の人たちが、必ずおいしいとほめるのやから、やっぱりぜいたくな京の味だろうか。

（あきやま）

千切り

おだいを細くきざみ、日に干した乾物。山も野も雪におおわれ、青菜も枯れて求められない寒中のための、保存食として、考案されたものと聞く。秋から早春までは、やや青みをおびて、しんなりと細く、春もたけるころには黄ばんで、ちりちりに乾く。夏にはない。

窓ガラスが、比叡おろしにガタガタなり、屋根のすずめが吹きおとされるように舞い降りてくる京の大寒《だいかん》。チョンチョンと飛ぶ細い足が、しもやけになりはせぬかと、いじらしい。

そんな寒い日に、ぶ厚い土なべで千切《せんぎ》りを炊く。

はじめサッと流し洗いをして、ゴミを取り、しばらくタップリの水をつけて、ほとびさす。水気を含んで柔らかくのびてきたら、適当に切り、その水でコトコト煮る。

だいたいおだいには甘い味があるけれど、日に干した千切りや、切り干しは、もっと滋味深く甘い。つけ汁をほかさず（捨てず）に、しんみりと炊くうちに、自然の甘味がにじみ出てお砂糖はまったくいらない。

だしじゃこを入れて煮たのは、ほんのおぞよ。お吸物のだしを取ったあとの、おこぶとかつおをゴトゴト煮出して、二番だしを取り、それで炊くとくせがない。細うきざんだ油あげを入れたり、白まめ（大豆）と一緒に炊いたり、いずれも薄口のおしたじで、うす味に煮ふくめる。

春はまだ遠く、うす氷はる小川には子どもの影も見えないけれど、やお屋の店先には、もう香りたかい芹の束がでているこのごろ。千切りと、芹のごまあえもおいしい。千切りは水につけ、柔らこうもどしてキュッとしぼり、適当に切って、ゆがいた芹とおひたしにする。今ごろ、冬枯れの畠のなかに、芹田の緑はじゅうたんを敷いたようにふんわり、春めいた景色やそうな。京都では秀吉が、都の周囲にお土居《どい》（土塁《どるい》）を築いたとき、その土をほったくぼみに芹を栽培したのがはじめやと聞いている。
野草の香りと、千切りのシャキシャキした歯ざわりが新鮮。いなかも、まちも冬景色。春を待ちながら台所で千切りをたけば、コトコトと、わたしの心もふくらんでくる。

（あきやま）

にこごり

おなべのなかに、ゆうべの煮魚のお汁が、こごっています。しょうゆ色に鈍く光って、ぷりぷり、ぺろぺろと、なんともつかまえ所のない感じです。

小いわしのにこごりは、くどくて味が濃い。かれいやひらめの煮汁は特別よくこごります。味は淡白で上品です。いかは匂いたかく煮こごります。京都の寒中の冷たさは格別。お勝手に一晩おくと、どんなお魚の煮汁でも、どうかすると小骨も小さなひれの端も一緒にかたまっています。

にこごりは人前に出せるようなものではありません。けれど、わたしはお魚の煮汁を流しに捨ててしまうのはもったいない。冷えかたまったにこごりが格別好きでもないし、おいしいものでもありませんが、お膳の上に出しておくと、誰からともなくはしをつけて、いつのまにかなくなっているのです。

子どものころ、学校へ行く前のあわただしい朝ご飯のとき、ふうふうふくように熱いご飯に、にこごりをとろけさせて食べた思い出。京都のものは朝からお魚は食べませんでしたが、にこごりは生ぐささがありません。じゅうと味のしみこんだところだけ、ご飯が冷えて、そんなご飯をかきこんだのでした。こんなことほんとに、しょうもない思い出です。けれどわけもなくほのぼのとした幸せの思いにつながっているのです。

そういえば、ご飯を食べていたところの寒かったこと。流しのたたきとの間に障子はあっても、閉めたことはなく、すみの方に練炭火鉢が一つ。朝ご飯のころはまだ火がつきかけたばかりで、火鉢の縁は冷たい。身をしめつけられるような冷たいなかで、ああ、寒む寒むとばかり思ってご飯を食べたものでした。

今わたしたちの茶の間は暖房がきいて、身も心もだるくなるようです。そして子どもたちはお魚よりお肉の方を食べたがる。けれどたまに煮魚をした晩は、わたしは冷たい流しのそばにおなべを置いておくのです。あすの朝にはきっとにこごりができているでしょう。

（ひらやま）

二月

◉節分——塩いわしの焼いたんと、祝い菜のお浸しと、麦ご飯にところろ汁。祝い菜で白みそのおしにすることもある。

◉初午《はつうま》——畑菜のからしあえをいただいて、伏見のお稲荷さんへまいる。

◉十五日——涅槃会《ねはんえ》。子どもは〝お釈迦さんのはなくそ〟をもらうのがうれしい。この涅槃会は、三月十五日にお勤めになる寺院が多い。

塩いわし

節分の晩には塩いわしを食べます。まるまるとふとって脂ののった二十センチもありそうないわし。それがまた塩からい。子どもの時分は二つと食べられなかったのをおぼえています。このごろでは冷凍の技術が進んだので、あんな塩からいいわしを食べることはなくなりましたが――。

節分にいわしを食べるのは、その焼くにおいがくさいので、鬼、疫病、よろずもろもろの厄《やく》が逃げてゆくのだといいます。たわいもないけれど、昔の人の考え方がかわいらしくて大好きで、わたしも毎年この日は欠かさずいわしを焼きます。じゅうじゅうと脂が火に落ちて、ぱっと焔《ほのお》が上がります。煙がこもって、お台所ばかりか、家中いわしくさいにおいが立ちこめ、しみつきます。わたしたちまで逃げだしたいようです。

この晩はお菜のおむしのおし。年寄りがいなくなったら、白みそをおむしということも消えてしまうでしょう。それに青菜のごまあえをつけ、戦前は、わざわざ麦ご飯を炊いたものでした。

ご飯がすむと豆まきです。年男か、その家の主人が〝福は内、鬼は外〟と声を張って家中豆をまいて歩きます。戸も障子もあけ放して、まっ暗な庭の方にも豆をなげつけて、鬼がかけ込まないうちにと、大急ぎで戸をしめます。ぴしゃんという音。おんな子どもの嬌声《きょうせい》。それはそれはにぎやかな晩でした。もし主人が外出しているときは、帰ってくるまで決して豆をまきませんでした。主人をたたき出すというふうに思うのです。豆は大豆をほうらくでゆっくり炒りました。日が暮れないうちに炒るものだといい、夕飯の支度前に、火鉢で炒りました。炒りすぎるとかたい。生炒りだと、〝まいた豆から芽がでて、悪いことが起きる〟とこわがらされて、いっそう念を入れたものでした。

お便所にかいいなでが出るのもこの晩でした。京造りの家では、お便所は家の一番奥にあって、そこまで長い廊下でゆきます。まっ暗でひそやかな場所です。廊下に赤っぽい電球がうすぼんやりと一つ。戸も開けっぱなしで、および腰で用を足し、行くにも帰るにも廊下をひた走り。下からかいいなでが冷たい細い手を出して、おしりをつるりとなでたような気がし、悲鳴を上げて飛び出したこともありました。

これは昔のお話。

（ひらやま）

畑菜のからしあえ

初午《はつうま》の日には、畑菜のからしあえをいただいて、そして、伏見のお稲荷さんへも、おまいりをする。そのわけを、おばあさんはこういうてはった。

むかし、深草の地に秦《はた》という大地主がいやはったんやと。そのお大尽《だいじん》が、ある日おもちを的にして矢を射ていると、おもちに羽が生えて白い鳥になり、東の空へ飛んでいってしもうた。それからは、このお大尽はだんだん貧乏になって、おもちをおもちゃにした罰が当たった。やがて、そのことに気づいたお大尽は、鳥が飛んでいった方の山へ登ってみると、そこには稲が生えていた。それで、その地にお社を建てて、神をお祀りしやはったそうな。それからは、また元の長者になったという。社記によると、元明天皇の和銅四年（七一一）となっている。お祀りをした日ィが、ちょうど二月の初午やったので、神社では初午大祭がおこなわれ、わたしらも、五穀豊穣商売繁盛をねごうて、お稲荷さんへおまいりをする。

　でっちでんぼ
　稲荷のみやげは
　落としたら割れる

帰りのおみやげは、土焼きの伏見人形で、なかでも子どもは柚子でんぼがうれしかった。柚子の形をした蓋物で、そこへ金平糖《こんぺいとう》やらあられを入れてもろうて、落とさんように抱えていたものである。丁稚さんは番頭はんにこつかれて、よう頭にでんぼをこしらえてはったし、でんぼは丸うふくれ上がっていたので、柚子の蓋物も、柚子でんぼというた。土やから、落としたら割れる。

畑菜は、畑と秦とに掛けてあるのんやろうか。お使わしめのキツネが好物というからしを、涙がでるほどきかして、ごまとすり合わし、薄口、濃口のおしたじを半々にして、ゆがいた畑菜をまぜる。どこのおうちの台所にも、炒ったごまとからしのにおいがみなぎって、初午の日は、なんやら活気がある。

初午が、節分よりも早い年は、火事が多いというて、火伏せの神さんである愛宕神社のお札さんを、方々に張る。〃ことしは火の足が早いえ、火の元には十分気ィつけんならん〃と、いうて。

（おおむら）

おいものおかい

三条室町聞いて極楽居て地獄
　お粥《かい》かくしの長のうれん
お店《たな》といわれる中京の大問屋さんは、店構えも立派で人聞きはよいけれど、実際に奉公をしてみると、なかなかつらいもんやったらしい。第一、朝はおかいさんで、食べ盛りの丁稚さんは、いつもおなかをへらしてはった。うちうらはそれほどしまつで、そこを隠すように、長のうれんが下がっている。
それに引き替え、料亭の名がつく朝がゆは、通人《つうじん》さんのお口に合うもんで、一般には縁遠い、ぜいたくなもんやった。旦那衆は、それを召し上がる。

わたしらはまたわたしらで、霜柱が立つ朝にはおいもを入れたほかほかのおかいさんが食べたい。禅宗のお寺でも、朝食のことは粥座《しゅくざ》というて、雲水さんは、お椀に顔が映るような、うすいおかいをいただかはるのやと。これも修行で、黒豆入りやと笑われる。目の玉が映っているというたとえ話である。それにならうわけではないけれど、寒い朝のおかいさんは、からだがあたたまる。

ゆきひらにお米をといで、たっぷりのお水を張り、おかいさんはとろ火でコトコトと炊く。そして、ふきあがったらサイコロに切ったさつまいもを入れて、塩味でさらっと炊き上げる。あんまりかきまわさんように。おしゃもじでかきまわしすぎると、おかいさんはこてこてになってしまう。

ひねの水菜を細こう刻んで、土しょうがをしぼり、おかいさんにまぶす。おいもの甘味と塩加減のほどのよさ。あたたまるほどに、うれしいなってくる。これも、人生の味やろうか。しんみりと生きる。ひねは古漬けのことをいう。

ホーォー、ホーォーと、ホーさんの声が小路に流れてくる。低う、高《たこ》う、抑揚をつけてはく息が白い。一・六とか三・八の日ィは、僧堂さんの托鉢《たくはつ》日で、

その雲水さんのことをわたしらはホーさんとよんでいる。寒い朝でも素足にわらじばきで、裾《すそ》もからげてなさるので、

「ちべたいこっちゃろ、一杯差し上げたいなァ」

と、そんなおもいでいただいているおいものおかいさんである。

（おおむら）

いさだ豆

朝、目がさめると雪がつもっていることがあります。障子にうつる日の光が、はぜ返るように明るいのですぐわかります。ときどきお昼間でもふぶくことがあります。叡山も愛宕山も降る雪にとじこめられてよく見えません。けれど京都の雪は柔らかく、日の当たるがわからすぐとけ始め、ちょろちょろと樋を伝う水の音が終日つづきます。

こんな日にはおこたにあたって縫物などしていると、思うともなくさまざまの思いがめぐります。あの娘さんは、恋を得てお嫁入りするそうな、何年ぶりかで逢った女学校時代のお友だちはすでに夫を亡くしたという。あるときはいさかうこともあったけれど、無事に年を重ねてきたわたしたち夫婦。

　すると静かな茶の間の火鉢で、くつくつと豆の煮える音がします。わたしはいさだ豆を煮ようと思っていたのです。

　いさだはびわ湖だけにいる冬の小魚です。霜がおり雪が降るにつれて大きくなり、今ごろは四、五センチにもなっています。頭の大きい、妙にとろりとした、ねむたそうな魚。とれたては黒い色をしているそうです。けれど川魚屋さんで、わたしたちが買うときには、淡紅色を帯びた白い色に変わっています。少々さまはよろしくありませんが、味がよいので、京都の人によろこばれます。大豆と炊くのが出合いで、いさだのだしでお豆がぐっとおいしくなるのです。

　大豆は洗って一晩水につけ、翌日、水を吸って十分にふくらんだお豆を、たっぷりの水でゆっくり水煮します。火鉢の火、練炭の火、ストーブの火、同じ調子が長続きするのがよい。お豆を人さし指と親指ではさんでつぶれるぐらい柔らかくなったら、上にいさだをひろげるように置きます。一度沈んだ煮汁がもう一度ふき上がり、いさだに火が通ったところで、おしょうゆと砂糖、お酒を入れて味つけします。味つけのあとはもうあまり煮ないこと。お豆が煮しまってかたくなります。そしてそのまま冷えるまでそっとしておきます。いさだを入れたら、もう決してまぜ返さないこと。いさだは身の柔らかなお魚ですから、ぐじゃぐじゃになります。これをたくさん炊いておいて、小出しにして食べるのです。

寒い最中に、冷たいのがまたおいしいおばんざい。

（ひらやま）

かぶらむし

四十歳を過ぎたら、とたんに好きでたまらなくなった――かぶらむし。

やお屋の店先から、子どもの頭より大きい聖護院かぶらをかかえて帰るとき、寒さはつらいけれど、やっぱり京都にうまれてよかったと思う。

冬になれば冬の、一年中つぎつぎある野菜のすばらしさ。京都の水がやわらかいのか、おんなでも、かぶらでも、はだの色はキメこまやかにむっちりと白い。聖護院というのは、現在の京大あたりの地名で、今はもうビルやら家やらがたてつまり、畠など、どこをさがしてもない。昔そのあたりでとれたかぶらが、特別柔らかく、大きいておいしかったそうな。京名物の千枚漬は、このかぶらを薄う薄うカンナで削って、おこぶの味で漬けたもの。種が滋賀県からきたので、近江かぶらとよぶ人もあって、ややこしい。

かぶらむしの器は茶碗むしのいれものでよい。なるべく大きく深く、伊万里の錦手のような多彩なものが、かえって、味の枯淡さを引き立てる。

具には、あなごの焼いたん、百合根、ぎんなん、よもぎ麩、ひと塩のぐじ、とりなど。

おぞよむきには、かまぼこだけでもよい。百合根、ぎんなんはサッとゆで、生身のお魚や鶏肉は熱湯をかけてしもふりにする。

かぶらは皮を厚くむいて捨て、おろし金ですりおろし、ふきんで水気を軽くしぼっておどんぶりに入れ、塩をひとつまみと、卵の白みを一個分入れてかきまわす。白みを入れるかわりに、つなぎとして道明寺をつかう方法もあるそうな。

お茶碗のなかに、まず用意した具をいろどりよく入れ、かぶらのすったのを、おけそくさん（仏さんに供える小餅）の倍くらいの形にしてのせて、真ん中をちょっとへこまし、ふたをしないで蒸しあげる。
別に、おこぶと、おかつおでだしを取り、吸物よりやや濃い目の味つけにして、煮立ったところへ本葛をどろっと溶き入れ、おいしいアンをつくっておく。蒸しあがったかぶらむしの上に、このあんをたっぷりかけ、上にわさびをのせてすすめる。くちびるがやけどするようなあつあつを、かきまぜながら食べるのは、京の冬のたのしみである。

（あきやま）

はなくそもち

干し飯《いい》は、毎日お釜やおひつを洗うときに、底についたご飯をいかきにとって、日に干してためておいたものです。ご飯を水に流して捨ててしまっては、ばちが当たります。干し飯はかちかちに乾いてかたいのです。毎日少しずつでも知らぬあいだに沢山たまるもので、これを炒って飴でかためて子どものおやつにしました。

はなくそもちは干し飯を主にして、五ミリ角のあられ、黒マメを一緒にほうらくで炒り、あめをからめて涅槃《ねはん》さんの日に作りました。あめはおしょうゆと、たっぷりのお砂糖とをおなべで煮立てる。炒った干し飯などをここに入れて、木の杓子で手早にかきまぜてからめます。

涅槃は二月十五日、お釈迦さんの亡くなられた日です。子どものころ、わたしは仏教の日曜学校へ行っていましたが、三月十五日に涅槃会《ねはんえ》があったとおぼえています。一月おくれだったのです。この日はみんなで涅槃劇をするのです。町内で一番の腕白坊主は、ふとって背も高かったので、いつもお釈迦さんにえらばれました。舞台のまんなかでながながと寝ているばかり。すぐに動いては先生に叱られていました。わたしは牛か羊かの絵を頭につけてお釈迦さんのそばで手を合わせていました。どんな筋書きであったか、さっぱり思い出せませんが、この日のごほうびは半紙にくるんだはなくそもちでした。紙をひらくと、白い紙がべたべたにひっついて、しまつの悪いものでした。〝これはお釈迦さんの鼻くそどっせ〟と日曜学校の先生の奥さんにいわれ〝お釈迦さんはこんな大きな鼻くそが出るのかしらん?〟としみじみ黒豆を見たものでした。そしてべとつくはなくそもちを指でつまんで食べ、甘からい指先までなめました。

最近こんな思い出話をしたら、そのはなくそもちを作ってほしいといわれたことがありました。急に干し飯ができるものではないし、格別にこれ用にご飯を炊くというようなものでもないので、わたしは困りました。今は干し飯を利用しようというような世ではなくなったのです。わたしの家でも仏壇もなく、本当に忘れはてたように、はなくそもちなど作ったことはありません。お釈迦さんの鼻くそと覚えていたお菓子が、花供御《はなくご》のなまりだと、つい最近知ったばかりです。

（ひらやま）

たらのおし

魚へんに、雪とかいて、たらと読む。雪の魚。冬のお魚。

日本の太平洋側では東北より北、日本海側では山陰以北で取れるとか。つめたい北の海に、たらは群れをなしておよぐ。

ふぶきが、海にまい落ちるとき、波の色は青いのか。それとも灰色だろうか。裏海は冬のあいだは荒れて、ごうごうと海鳴りの音が、はるか遠くの里までひびいてくると聞く。

そんな冬の荒海を、一度も見たことがないけれど、哲学者みたいな、あごひげをはやしたたらの群れが、静かに過ぎる夜の海を思うと、胸の底までシーンとしてくる。

青白い、もろい切り身で、あぶらが少なく、上等のはぐじに似ておいしい。

生だらの新鮮なのは、おさしみにもできるし、煮つけ、ちり鍋、フライなど用途は広い。塩だらにして遠方までおくられ、カチカチに干して棒だらにしたのは、一年中、水にもどしてつかう。

「湯どうふのなかにいれはると、おいしおすえ。菊菜をあしろうて」と、店の人。

そやけど、京都の冬に一番ふさわしいのはたらのおし。

軽く塩をしたたらと、うすゆきという名のおこぶでつくる。うすゆき――薄雪と書くのだろうか。とろろこんぶに似て、もう少し細く、シャキシャキとした歯ざわりやった。近ごろは専門店でなければ、もうつくらないと聞いている。ふつう白とろろで間にあわすけれど、雪の魚と、うすゆきの取りあわせは、消えたというと、なお優しい。

塩たらは、つつ切りか、適当な切り身にして、一度ゆがく。泡やねばりをすくい取り、身がサッと白うなったら、そうろと引きあげる。おこぶとかつおで、あっさり吸物用のだしを取り、おしたじをひかえめにさして、ゆがいた切り身を入れる。たらの塩味がからすぎぬように。お椀に切り身と、うすゆきをひとつまみ入れ、上から熱いお汁をそそぐとできあがり。しまい忘れた洗濯物を、とり入れに物干しにでると、気のせいか春めいた月の光に低い屋根の波がぬれている。北国の海の月は、もっと、青いのではないだろうか。

（あきやま）

すぐき

なめらかにしまったかぶの肌あい、べっこう色の茎。かぶらの方は歯型が残るほどの厚さに、茎はできるだけ包丁を入れて細かく切れと教わったことがありました。いったいだれの知恵なのでしょうか。たしかにこうするのが一番おいしいようです。歯にしみるほど冷たくて、そしてすっぱくて、そしてたとえようもなく上品な味のお漬けもの。

すぐきは洛北深泥池《みどろがいけ》、上賀茂辺にできるかぶらの一種です。生来、お漬けものになる運命をもっているみたいに、炊いて食べても、さっぱりおいしくないのです。深泥池の近くにわたしは住んでいるものですから、戦争中は生のすぐきを炊いて食べたものでした。お漬けものにすると、身がしまって、あんなにすっきりした味になるのに、炊くとふがいないくらい柔らかになって、歯ごたえがないのです。

すぐきは秋の終わりにとりこんで漬けこみます。軒の下に樽をならべて、長い棒の先に重石をつり下げて漬ける独特の風景は、霜の降るころの風物詩。わたしが子どものころはすぐきは春先のお漬けものでした。初冬につけたすぐきが自然にすっぱみが出て、でき上がるのが三月ごろというわけ。ところが近年はむろに入れ、温度をかけて作るので、お正月前にはもう食べられます。自然にまかせるのをじこう漬けといいます。これならわたしにでもできます。

先年、かぶの部分にこぶができる病気がはやって、すぐきも絶滅するのではないかと危ぶまれました。わたしも人ごとのようでなく心配でした。〝あんなおいしいお漬けもの、食べられへんようになったらどうしよう〟。けれどえらい先生方のお力添えもあって、いまは前にもましてよいかぶができます。

寒い朝、お勝手口に深泥池のおばさんの声がします。野良で人をよぶような

大声で、

「奥さん、すぐき、どうですえ」

このおばさんはわたしとおない年。この人の親もすぐきを売りにきておりました。すぐきは高いお漬けものです。けれどこうして三幅前《みはばまえ》だれに手甲《てっこう》姿で来られると、わたしは買わずにいられません。そして言いわけともなく心のなかでつぶやきます。

〝すぐきは格のあるお漬けものやもの〟

（ひらやま）

しろまめ

「しまつなうちゃったら、豆さんやら、たかはらしまへんえ。ひとつぼ（粒）ずつひろてたら、袖口が早よ切れまっさかいになあ」

京都では干した大豆のことを、普通しろまめとよんでいる。しろまめのことにふっくりと大粒のを、つるの子ともいう。おかずに炊くにはつるの子《こ》を買うてくる。

色紙に切っただしこぶと、金時にんじんの輪切り、しろまめをコトコト気長に炊いたのは冬のおかず。ありふれたものやけれど、おかあさんの味がする。

おいしく煮るには、おこぶのよいのを選ぶこと。色の黒い、つやのある、ぶ厚い上等の利礼《りれ》出しこぶというのがよいそうだ。北海道の利尻島《りしりとう》、礼文島《れぶんとう》沿岸で採れると聞いている。煮ているうちに、特有のねっとりしたおいしさが出てきて、しかも形が煮くずれない。

大豆は洗って、前の晩からたっぷりの水につけておき、翌朝そのまま火にかける。火といってもガスではせわしない。

練炭か、豆炭の、コト、コト、コトとつぶやくような音がするとろ火で。

おなべもぶ厚い、大きなほうがよいので、おつゆをふかせるとだいなしになるから、おはしでもちょっとかませておくこと。

わたしの祖母は、この豆さんが大好きでよく炊いてくれた。家中のつぎものを引き受けて、足袋のつま先など細かく細かくさしながら、おなべの番をしていた小さな背中を思い出す。

大豆が柔らかく煮えてきたら、おこぶとにんじんを入れて炊き続け、それがふっくらしてきた時分に味つけをする。お砂糖と、薄口のおしたじ、それにお酒少々。煮つまったとき、ちょうどよい加減にするには、最初ごく薄いめのお味にしておくこと。おつゆをたっぷりにして、二、三度お味を濃くたしてゆくと上手にできあがる。

もんこいかの足をちいそう切って入れたり、こんにゃく、れんこんなど、煮くずれしない野菜を入れても目先が変わってまたおいしい。いずれにしても、黒い色紙こんぶがトロトロになるまで、絶対にかきまわさずに――。

あたたかい炊きたてより、翌朝、凍ったようになって、豆さんに味がからみついたのがおいしい。おとしよりにはことのほかよろこばれる。

（あきやま）

寒ぶな

海に遠い京都の町では、川魚が重宝されました。そのうちでもふなは寒においしいお魚です。寒ぶなとよばれ、寒があけても四月ぐらいまでは子持ちで味がよいとされています。

長さ十センチまでの子ぶなは、お値段も手ごろです。強い魚で、水から上がってもわり合い長いこと生きています。川魚屋さんで生きているのを買ってきて煮ると、煮上げた姿もよいし、もちろんお味もよろしいのです。

ちょっとかわいそうなようですが、火にかけると、ぴちっとはねるのを、おはしで押さえながら白焼きにします。表面がこげる程度でよろしい。これをおなべに入れ、たっぷりの水で、ゆっくり一時間以上下煮をします。とろ火で、落としぶたも忘れないように。煮汁がへってきましたら、汁を捨てます。泥くさいような一種のにおいが、川魚の風味なのだという人は、お汁をそのままに残して、お酒、砂糖、しょうゆで味つけをして、十四、五分煮ます。火を消したあとは、冷えるまでそっとしておきます。骨や身がやわらかいので、煮ている間もかきまぜてはいけません。また長い時間煮るので、おなべの底に竹の皮を敷くか、小さないかきを入れておくと、こげつかす心配がありません。

寒ぶなはいろんなお料理ができます。大きなのを三枚におろし、小骨をぬいて細作りにし、子をまぶした子まぶし。からしをきかせた酢みそでいただくと、おいしい洗い。

大きなふなをたくさんのおこぶを使って巻いて、半日も一日もかけて炊いたこぶ巻きは、上等のお料理です。いさだ豆のように、大豆とこぶなを炊き合わせたふな豆。どれも煮るのに長い時間がかかるけれど、ひまのある日はゆっくり家にいて炊いておくと便利です。

大きなふなのこぶ巻きは、素人の手に合うものではありません。けれど子ぶなを白焼きにして、これをありあわせのおこぶで巻いて、おなべに並べてゆっくりと炊き上げると、これが素人のお料理かと思うほど、おいしいのができます。はじめお味つけはうすいめに。長時間煮ているうちに煮汁がへって濃くなりますから。

四方を山にかこまれた京都の町は、冷たい空気が底だまりみたいにたまるのだといいます。しーんと底冷えのする日がつづきます。こんな時節にふながおいしいのです。

（ひらやま）

いりがらと壬生菜

　立春が過ぎると、山の色も、水の色も、少うしずつ変わってきて、日ざしも日に日にやわらかい。もう、うす墨色の冬の幕が上がりはじめているのんやろう。すると、春は地の底からせり上がるように、フキノトウは雪の下で青い頭を持ち上げているし、そのうちツクシも小さい顔を覗かすにちがいない。けれど、まだまだ寒さは続いていて、そんな夜は、冬の名残にもういっぺん、いりがらでも炊いて、あたたまりまひょ。

　三月にはいると、壬生菜にはもうトウが立って、太い軸の先には、黄色い粒つぶの花がついている。こんな壬生菜は、口に入れるとピリッとからしのような味がして、それがまたよろしいと好む方もあり、ひねのおつけもんに漬けたりする。けれど、炊いて食べるのは、やっぱり二月までで、いりがらとは合いもんである。

錦通りでいりがらを見かけた友だちから〝これなァに〟とたずねられて、鯨油を絞った絞りかすやと教えてあげたら、海辺で育ったその人は、

「けったいなもん、食べるのやね」

と、顔をしかめてはった。いりがらのことを、ころともいう。

いりがらには、輪がすと板かすとがあって、輪がすのほうが上ものである。かちかちに乾いているので、強火で両面をさっとあぶり、熱湯をかけて脂抜きをしてから、一分《ぶ》ぐらいにぶつぶつと切る。なんせ、あぶらのかたまりやから、それでもまだしつこい。あっさり口の人は、いりがらを水につけてもどし、毎日水を取りかえて、やわらこうなってから切るとよい。

土なべに、おこぶとかつおでとっただしをさし、いりがらと水菜をじゃじゃと炊きもって、味つけは、お砂糖を軽うと薄口と。お酒を少うし落とすと、も

っとよいお味になる。そして、ええにおいがする。あんまり炊きすぎず、いりがらも壬生菜もどっちもショリッとしているのがよい。

これでもう、ことしの壬生菜も食べおさめやろうか。聖護院かぶらももうスがはいっているし、これからは、冬の野菜が一つずつ姿を消していく。それでもまだ、奈良のお水取りがすまんことには、ほんまに暖こうはなってくれない。

（おおむら）

かすじる

比叡おろしの冷たさに、粉雪までチラチラして「おお寒む」と飛んで帰ったわが家の食卓に、湯気をたてるかすじるのうれしさ。親子、夫婦がむつみあい、笑いさざめいて、一日のできごとを話しながら食べる楽しいおつゆ。一椀が終わりになるころには、ほかほかと身も心も暖まって、なにやら動くのも大儀になってしまう。ふしぎにお酒飲みの人より、下戸やおんなの好くものらしい。

京都の南、伏見区は日本でも有名なお酒どころ。裏日本の農村の男衆が、お酒造りに蔵入りして、底冷えの冬の寒造《かんづく》りにせいを出してはる。

大正のころまでは、新かすができると、造り酒屋の軒先に、直径七十センチもある笹の葉でつくった玉をぶらさげて、人に知らせたそうな。

にんじんもおだいも千六本に切って柔らこう炊き、酒のかすを細かくして入れ、お揚げの細切りをほうりこんだだけの、ごく簡単なおつゆだが、やはり酒蔵から絞りたての板がすは香りがちがう。

おばんざいのかすじるで、台所から奥まで新酒の香《か》がほのぼのとただようのも、酒どころ、京に住む冥利《みょうり》であろうか。

塩をきかしておしょうゆはひかえめに、決してグラグラ煮返さないこと。だしはだしじゃこでも、おこぶとかつおでとってもよい。塩ぶりや塩ざけの頭やアラをこなして、おつゆに入れると、こってりした味が楽しめるけれど、必ず熱湯を通して生ぐさみを抜き、少ないめに入れるほうが持ち味を生かしておいしい。

板がすが固いときは、だしに細かくくだいて、しばらく漬け、すり鉢でざっとすってから入れると早くとける。

もう近ごろはすべて機械が設備されて、お酒造りも変わったらしいが、わたしの子どもの時分は酒蔵の横を通ると、ゆるやかな、酒屋唄が聞こえてきたものだった。小さな高い窓から光の帯が外へ流れ、そのあかりのなかだけに白い雪が舞っている。長くあとを引く唄のひびきは悲しくて、子ども心にもせつなかった。

できあがったかすじるは、赤いお椀にたっぷりと張り、細かくきざんだ芹の軸をひとつまみパッと浮かして出す。その緑の目にしむような鮮やかさ。水ぬるむ春も間近い。

（あきやま）

解説　汀で混じり合う「心」

いしいしんじ

「おひさしゅう、ちょっと寄らせてもらお思て」

そんな急な、昼前の来客。家の奥さんは頭をめぐらし、すばやく、つきあいの長い仕出し屋さんに電話をかける。

おかもちを提げ、仕出し屋さんはひたひたとやってくる。勝手口からそっと顔をだし、名前を呼ばわると、奥さんが水屋箪笥から器をはこび、季節ごとのごっつお、賀茂茄子の田楽を鉢に、はものおとしをガラス皿に、てっぱいを小鉢に、いそいそとうつす。皿の上でじりじり外と内がまじりあう。仕出し屋さんが帰ったあと、奥さんは、急ごしらえでこんなもんしかできまへんけど、とお客に笑いかけながら、お昼のお膳を出す。

外食でもない、自炊でもない、そのあいだの汀《みぎわ》、「あわい」で、絶妙に揺れる食文化。

仕出しにかぎらない。京都のひとは、中間領域、汀のつかいかたに長けている。玄関をでた「ろおじ」は、屋外でなく、そこらに住まう皆でつかう共用のスペースだ。作りすぎたおかずやおみやげの行き交い。子どもを見まもる、ご近所の目。長い立ち話を交わすひとかげのむこうから、野菜やお茶を商うおばさんがにこやかにやってくる。

京都に越してしばらくして、とある古いお店の奥さんに、「いしいさんはほんまにええ勘したはる。傍《はた》でみてて、どんどん、京都の正しいドアあけて奥へ奥へいかはる」といわれた。ふうん、と僕はかんがえ、「ほんならまちがったドアいうのもあるんですか」

「そらあるわよお」

「そこあけたら、どないなるんです」

奥さんはいたずらっぽく笑い、「そこあけたら、東寺とか、清水さんとか、京都の写真が貼ったあんのん。で、ああ、京都やなあ、とおもって、くるっと帰らはんのん」

よそものには敷居が高い町、といわれる。住んでいる身として、そんな風に感じたことは一度もない。そもそも、よそ、と、うち、を絶妙に混ぜ合わせる手練《しゅれん》こそ京都の粋だ。

敷居が高い、などというひとはきっと、外にあるから「外」と思いこんでいる。外にも「内」はあると、当たり前に京都のひとは知っている。逆に、掌《たなごころ》の上にあるから「内」というわけでなく、それが「外」へもひらかれてあることを。

個々人のささやかな声が、ここでは軽々、普遍へと通じてゆく。ちょうど本書のページに、ばらずしの具のごとくちりばめられた、この土地の芳醇なことばのように。

「かやくなべは、炊きもっていただくのがようて、おなべを囲みながら、めいめいちりれんげですくうては、小鉢に受ける。そして、みつ葉をパッと散らすと、いっぺんに春がきたかと思う」（春と夏「かやくなべ」）

「梅干しにはなにか縁起をかつぎたくなるようなところがあります。／『だれそれさんの逝《の》うならはった年は梅干しにかびが生えました』」（春と夏「梅干し」）
「お正月にも、おひなさんにも、お祭りにも、なんぞごとのときには、きっとついているだしまき。あわあわとした味である。／だしまきは、心を巻きますのや、と、だれぞがいうてはった。よそ見をせんように、一心に巻くということやろう」（秋と冬「だしまき」）

過去に流れ去ったことばでない。昔と現在のあわいを「いま」という。いま、は絶えず更新されてゆく。だから、『おばんざい』のことばは、ページをひらいて目を落とすたびあでやかで、はんなりと新しい。
「中京のまちに銀色の雨が降ります。わたしは母と向き合って、単衣《ひとえ》を縫うています。音もなく、ひっきりなしに降る梅雨の雨。それはものの匂いを包むのか、おこぶとおしょうゆの煮えるかおりが家中にこもって漂うています」（春と夏「塩こぶ」）

記憶、という目にみえないものも、個人のなかに秘められてるだけでない。「心」でかたられるなら、おこぶとおしょうゆの匂いのこもった家のなかが、共有の「あわい」として、読者の前にひらかれる。初夏の風景のように。流れてくる音楽のように。

古くない。方言ですらない。ひとりひとりの声がちがうように、本来、ひとの話すことばはそれぞれ、いきいきとことなる。呼吸、からだ、うまれた家庭、生きてきた世のなかが、そのひとのことばに映り込み、発話と同時に発露する。

口にいれるもの、食べもののはなし、であるいっぽう、口から出す、ことばのはなし、でもある。出しては入れ、入れては出す、その自然な循環。衣食住。音、光、匂い。ひとりひとりが語り、ひとりひとりが味わう、それぞれの美味。

箸をとり、一品ひとしなを味わうように、一枚ずつページを繰る。京の町の記憶が、風景が、声が、フィルムのように浮かぶ。お茶漬けの湯気があがり、母の縫い針の動き、夜の山を焦がす赤い火に、息をのんで見入る。読んでいるぼくたちのからだが、本の時間、場所に溶けこんでゆく。「いま」がえんえんと引き延ばされ、元号や地名はだんだんと意味を失う。

そのうち、読者は知る。食べるために生きるのでない。生きるために、食べるのでもない。それらは、正確に同じことだと。ぼくたちのからだこそ、誕生と死の「あわい」に置かれた、こわれやすい、一個の器なのだと。からだというこの、ささやかな器に、「心」で書かれたことばをそっと盛りつける。ぼくたちのなかに、それぞれの、かけがえのない「おばんざい」ができあがる。

春と夏の「ひちぎり」でひらかれ、秋と冬の「かすじる」でとじる。本が。一年が。京の暮らしが。けれども、終わりでない。終わらせる必要も、きまりもない。もういちど、「ひちぎり」にかえり、春の光のなかで一年をはじめてもよい。あるいは、冬の「かぶらむし」のふたをひらくか、秋のまったけの香りを鼻にまぶしてみるか。

京の町の一年はつづく。くりかえし、くりかえし、決まった日に決まったもの。決まったページに、決まったことば。永遠に、飽きられることはない。外と内からうちよせあい、汀で混じり合う「心」、いのちは、たえず入れ替わり、いつもいきいきと新しいのだから。

（作家）

本書は「朝日新聞」京都版に一九六四年一月四日付から一九六五年三月三十日付まで週二回掲載され、一九六六年八月『おばんざい　京の味ごよみ』として中外書房から刊行されました。後に『おばんざい　京の台所歳時記』（一九七七年・現代企画室）、『京のおばんざい　四季の味ごよみ』（二〇〇二年・光村推古書院）として復刊されました。この文庫は光村推古書院版を底本に、二分冊し、文庫化したものです。

本書には今日の観点からみると差別的表現ととられかねない箇所がありますが、著者自身に差別的意図はなく、また著者がすでに故人であるという事情に鑑み、原文どおりとしました。

おばんざい　秋《あき》と冬《ふゆ》
京《きょう》の台所《だいどころ》　歳時記《さいじき》

二〇二〇年　六　月一〇日　初版印刷
二〇二〇年　六　月二〇日　初版発行

著　者　秋山十三子《あきやまとみこ》／大村《おおむら》しげ／平山千鶴《ひらやまちず》

発行者　小野寺優
発行所　株式会社河出書房新社
〒一五一－〇〇五一
東京都渋谷区千駄ヶ谷二－三二－二
電話〇三－三四〇四－八六一一（編集）
〇三－三四〇四－一二〇一（営業）
http://www.kawade.co.jp/

ロゴ・表紙デザイン　粟津潔
本文フォーマット　佐々木暁
本文組版　株式会社キャップス
印刷・製本　中央精版印刷株式会社

Printed in Japan　ISBN978-4-309-41753-0

巴里の空の下オムレツのにおいは流れる

石井好子　41093-7

下宿先のマダムが作ったバタたっぷりのオムレツ、レビュの仕事仲間と夜食に食べた熱々のグラティネ――一九五〇年代のパリ暮らしと思い出深い料理の数々を軽やかに歌うように綴った、料理エッセイの元祖。

東京の空の下オムレツのにおいは流れる

石井好子　41099-9

ベストセラーとなった『巴里の空の下オムレツのにおいは流れる』の姉妹篇。大切な家族や友人との食卓、旅などについて、ユーモラスに、洒落っ気たっぷりに描く。

バタをひとさじ、玉子を3コ

石井好子　41295-5

よく食べよう、よく生きよう――元祖料理エッセイ『巴里の空の下オムレツのにおいは流れる』著者の単行本未収録作を中心とした食エッセイ集。50年代パリ仕込みのエレガンス溢れる、食いしん坊必読の一冊。

私の小さなたからもの

石井好子　41343-3

使い込んだ料理道具、女らしい喜びを与えてくれるコンパクト、旅先での忘れられぬ景色、今は亡き人から貰った言葉――私たちの「たからもの」は無数にある。名手による真に上質でエレガントなエッセイ。

季節のうた

佐藤雅子　41291-7

「アカシアの花のおもてなし」「ぶどうのトルテ」「わが家の年こし」……家族への愛情に溢れた料理と心づくしの家事万端で、昭和の女性たちの憧れだった著者が四季折々を描いた食のエッセイ。

マスタードをお取りねがえますか。

西川治　41276-4

食卓の上に何度、涙したかで男の味覚は決まるのだ――退屈な人生を輝かせる手づくりのマスタードや、油ギトギトのフィッシュ・アンド・チップス。豪快かつ優美に官能的に「食の情景」を綴った名エッセイ。

著訳者名の後の数字はISBNコードです。頭に「978-4-309」を付け、お近くの書店にてご注文下さい。